EDICIONES ANTÍGONA

TEATRO

EDICIONES ANTÍGONA

© Nando López, 2024
© *Las harpías en Madrid o la osadía de vivir*, Natalia Menéndez 2024
© Para todos los países en lengua española:
Ediciones Antígona, S. L.
C/ Groenlandia 6, local 2.01. 28909 (Getafe, Madrid)
Tel: 911.895.443 / 640.631.054
info@edicionesantigona.com
www.edicionesantigona.com

Primera edición, 2024
Segunda edición, 2026

Directora de la colección: Conchita Piña
Diseño y arte de cubiertas: Rubén Chumillas
Director editorial: Isaac Juncos Cianca

ISBN: 978-84-10060-17-3
Depósito legal: M-11914-2024

Impreso en España / Printed in Spain

LAS HARPÍAS EN MADRID

Nando López

Versión libre de las novelas
de Castillo Solórzano

ÍNDICE

LAS HARPÍAS EN MADRID
O LA OSADÍA DE VIVIR

Alonso de Castillo Solórzano (1584-1647) jamás pudo imaginar que con sus cuatro novelas *Las harpías en Madrid* (1631), unos siglos después, un autor feminista y con grandes dosis de humor pudiera darle la vuelta como un calcetín y convertirlas en teatro y, lo que es más sorprendente, en todo lo contrario de lo que Castillo Solórzano pretendió conseguir con su escritura. La misoginia ya no interesa o eso nos gustaría creer. Los tiempos, por suerte, han cambiado y aquello que servía para alertar a los hombres del comportamiento peligroso e imprudente de las mujeres, Nando López lo convierte en un espejo, critica el uso de los hombres hacia las mujeres, de cómo ellos se comportaban a diario, abusando de ellas con total impunidad. Se atreve con una novela compuesta en episodios, sin nexo argumental, para transformarla en una obra de teatro, todo un reto, toda una creación sobre la literatura picaresca. Consigue, de esta manera, inquietarnos y provocarnos una profunda reflexión con humor.

Entre los diversos géneros que Solórzano cultivó, destacan sus narraciones de tema picaresco, en las que combina los planteamientos de la novela breve o cortesana con la tradición de la narrativa iniciada en el siglo XVI por el Lazarillo.

A este género, que podríamos calificar de híbrido, pertenecen *Las harpías en Madrid* (1631), una colección de cuatro novelas breves unidas por un sencillo marco y donde cuatro mujeres llevan a cabo cuatro estafas (o engaños). La obra se inspira en los modos y maneras de los personajes de Solórzano y condensa esas cuatro estafas en dos engaños: el perpetrado por Feliciana, que recrea uno de los cuatro argumentos de la novela original y el elaborado por Luisa, que se inspira en la obra de Solórzano, pero plantea un tema habitual en el mundo cultural barroco —el plagio— que no se recoge en su obra.

En efecto, este es el caso de una madre y dos hijas, que proceden a la manera de los hombres, a través del engaño, de la adulación o del robo... Con ello descubrimos la percepción de los hombres hacia las mujeres, es decir, casi nada, tópicos y prejuicios a mansalva: medrosas apenas inteligentes y una suerte de diabólicas sexuales. Las mujeres que J. López refleja causan estupor entre los hombres puesto que ese proceder no se correspondía a la manera de vivir de las mujeres de un cierto nivel social del barroco. Y, a su vez, estas mujeres, conocen bien los defectos del hombre así como el reflejo que de ellas tenían. Así se retrata el egoísmo, la soberbia o la estupidez de todos aquellos que juzgaron y jugaron con las mujeres de entonces, y también de aquellos que aún hoy lo pretenden.

Pero lo más fascinante es una cualidad que en la autoría actual está pasando por horas bajas o de alguna manera menospreciada y es el humor. Puede que la falta de talento en tales lides provoque el desdén para con aquello a lo que no se llega. Pero es una virtud apreciada por el lector y el público.

Esta obra, además del componente misterioso y de intriga, se permite decir todo aquello que el autor necesita con gracia y desparpajo. Cuida las distintas maneras de habla de cada personaje y su ingenio marca claramente cómo decir las ideas más serias con la chispa necesaria para provocar en nosotros la carcajada o, al menos, la sonrisa. Es de agradecer en estos tiempos, que nos podamos reír y recibir la idea sin un planteamiento directamente moralista aunque con líneas éticas claras. Las pícaras mujeres reflejadas en esta obra se atreven a vivir en un mundo eminentemente masculino, y nos recuerdan a ciertas mujeres cervantinas. Ellas supieron usar los ardides masculinos junto con los femeninos para así salir adelante... Podemos reprobar el proceder de estas mujeres o, al menos, no compartirlo, pero donde sí que coincidimos con el autor es en la manera de tratar este asunto, es de agradecer que no nos lo tomemos en serio, aunque lo que se diga sea muy serio.

Del mismo modo que la novela, la obra se sitúa en Madrid, un lugar propicio para los milagros y transformaciones. Y esto que en un principio parece ser muy concreto, se va desdibujando a medida que avanza la obra, su geografía puede ser la de muchos lugares, del mismo modo se va haciendo atemporal, eso ya no importa, solo importa el artificio y la metamorfosis. Se pone en valor el juego del fingimiento, la intriga y los obstáculos por los que van transitando y habitando tanto los personajes.

Sorprende que exista una madre, personaje que aparece tan poco en las comedias barrocas, esta es otra de las reivindicaciones que el autor hace con respecto a la condición femenina. Teodora es, además, protagonista en esta obra que, junto a sus dos hijas traman con total argucia el poder subsistir en su mundo... En cuanto a su estructura, la obra teatral recoge —a su vez— las voces de filósofos y pensadores prerrenacentistas, renacentistas y barrocos y sus discursos sobre la mujer, haciendo un viaje desde las posturas más misóginas hasta las más avanzadas y feministas. Los monólogos de Teodora que articulan la obra ofrecen, de este modo, un recorrido a través del pensamiento áureo que busca las semejanzas y diferencias existentes entre cuanta denuncia se deduce de dichos discursos y nuestra propia realidad.

Entiendo esta obra como una gran crítica hacia ciertos deplorables comportamientos que, en su gran mayoría, se han visto más en los hombres que en las mujeres del Barroco. Esta denuncia se hace ágil, clara y muestra la naturaleza humana repleta de ocurrencias. En ella podemos encontrar guiños o respirar a Garcilaso, Calderón y Tirso de Molina entre otros autores de nuestro Siglo de Oro, es merecedora de una altura inusitada en los tiempos actuales.

Nando López me pide esta introducción porque intuyo que quiere que cuente entre otras cosas nuestros encuentros en el proceso de escritura. Tuve la suerte de constatar cómo estaba abierto a ideas, reflexiones en torno a la mujer y su obra, giros… Una delicia compartir sus borradores, junto a Quino Falero, el director escénico que asumió el montaje. Y un gozo mayor fue constatar que el público entrara como en un guante en la obra, la siguiera, la riera y la aplaudiera… Almagro vibró con *Las Harpías en Madrid*… Le deseo una gran vida a esta obra y un fructífero camino a su autor, Nando López.

Natalia Menéndez

DRAMATIS PERSONAE

TEODORA

LUISA

FELICIANA

CÉSAR

HORACIO

Ficha artística y técnica

Las harpías en Madrid se estrenó el 22 de julio de 2016
en el XXXIX Festival Internacional de Teatro Clásico de Almagro.

Las harpías en Madrid, de Nando López

Versión libre a partir de las novelas
de Alonso de Castillo Solórzano

REPARTO
(Por orden de intervención)

Teodora – Nuria González
Luisa – Marta Aledo
Feliciana – Natalia Hernández
Horacio – Juanan Lumbreras
César – Paco Déniz

EQUIPO ARTÍSTICO

Dirección de escena – Quino Falero
Ayudante de dirección – Rocío Vidal
Escenografía – Mónica Boromello
Vestuario – Lupe Valero
Espacio sonoro – Ana Villa y Juanjo Valmorisco
Iluminación – Tono M. Camacho
Caracterización – Chema Noci
Lucha escénica – Mon Ceballos
Dirección técnica – Mario Goldstein
Regiduría – Jair Souza

Coproducción con el Festival Internacional
de Teatro Clásico de Almagro

ESCENA I

TEODORA

¿Qué cosa es la mujer?

Una despojadora de la juventud, muerte de los viejos, consumadora del patrimonio, destrucción de la honra, vianda del diablo, puerta de la muerte y del infierno. La mujer es animal imperfecto, variable, engañoso y a mil pasiones sujeto, sin fe, sin temor, sin constancia y sin piedad.

Todas, de cualquier estado, color, edad, ley, nación y condición, grandes y chicas, mayores y menores, jóvenes y viejas, feas y hermosas, enfermas y sanas, las cristianas como las judaicas y las moriscas, negras y morenas, parleras y mudas, libres y cautivas, cuantas viven creen verdad todo lo que sueñan, juzgan lo que no ven y se pronuncian sobre lo que no saben. Se dan gusto mintiendo y varían siempre: piden uvas, cuando anhelan granadas; su placer es gastar mucho y darse tono.

Tampoco existe en el mundo animal menos limpio que las mujeres. Ejemplo son sus necesidades y enfermedades, no solo las comunes a todos, sino las suyas propias, que hasta explicarlas resulta vergonzoso. Y en cuanto a su apariencia, nunca les parecen bien los vestidos si no son nuevos y muy deshonestos, embutidas en telas de cintura arriba para que se les marquen buenos senos.

Así que, para luchar contra sus muchos vicios, enséñense a la mujer cosas que convengan a la virtud y al alma. Han de aprender a escribir y leer, a hilar y labrar, pues si no saben hacer lo necesario a su casa, de ningún valor resultarán. Aprenderán también a guisar, no como los cocineros, sino sobriamente, para que contenten a sus padres y hermanos siendo doncellas, y a su marido e hijos, siendo casadas.

Y sobre las músicas y cantares, la mujer honesta no ha de aprenderlos, que son brebajes emponzoñados para matar el mundo todo. Las doncellas no han de aprender música, ni oírla tampoco, ni en casa ni fuera, ni de día ni de noche. Que con esos suspiros fingidos se ciegan las simples mujeres.[1]

> *Sevilla. Casa de* DON FERNANDO. *A oscuras. Entran* FELICIANA *y* LUISA, *a tientas, la primera tropieza con algo.*

LUISA

¿Quieres mirar por dónde pisas?

FELICIANA

¿Acaso puedo ver algo, hermana?

LUISA

Debemos ser muy cautelosas. Puede que aún esté aquí alguno de los criados de don Fernando…

FELICIANA

(Encendiendo una vela.) No queda nadie en esta casa.

LUISA

(Señalando la vela. Pidiéndole que la apague.) ¿Y si nos descubren?

---

[1] Versión de textos de Luis de Lucena (1491-1552), Bernat Metge (h. 1340-1413), Jaume Roig (1400-1478) y Luis Vives (1492-1540).

FELICIANA
Hace ya tres días que le dieron muerte… Nadie vendrá ni hay cosa alguna que averiguar entre estas paredes, Luisa.

LUISA
¡Feliciana! ¡Apaga eso!

FELICIANA
¿Y cómo quieres que encontremos a oscuras lo que sea que hayamos venido a buscar?

LUISA
Debe estar por aquí…

FELICIANA
¿Me dirás qué buscamos?

LUISA
Una carta.

FELICIANA
¿De don Fernando?

LUISA
Del mismo.

FELICIANA
¿Y qué provecho sacaremos de un papel?

LUISA
El de vengar mi honor.

FELICIANA
¿Es cosa provechosa ese honor? Porque no veo que salgan muchos escudos de él…

LUISA
No todo ha de medirse por el dinero.

FELICIANA
Todo no, tan solo lo importante. ¿Y cuál era el motivo de la misiva?

LUISA
Advertirle sobre alguien que, traicionero y vil, pretendía desacreditarlo en la Corte en su provecho.

FELICIANA
¿Tenía motivos?

LUISA
Solo el de la envidia.

FELICIANA
Suficiente suele ser. ¿Y qué harás si encontramos el papel del que hablas?

LUISA
Vengarme. Que hubo de ser ese alguien quien quitó la vida a mi don Fernando.

FELICIANA
¿Tuyo, dices?

LUISA
Mío, digo. No ha de quedar en el silencio la muerte del único hombre al que creí que podría llegar a amar.

FELICIANA
Mal sigues los consejos de nuestra madre, hermana. Los hombres deben usarse para nuestro deleite, no ser la

causa de nuestras lágrimas. Y el amor siempre tiene muy poco de placer y mucho de llanto.

LUISA

Gozoso dolor fue, digno del que Petrarca y Garcilaso cantaran en sus versos...

FELICIANA

Quédense tus poetas con sus dolores y nosotras, con el gozo. No han de ser mis días sonetos tristes, sino alegres villancicos.

LUISA

Buena prisa te diste por cantarlos con todos los sevillanos...

FELICIANA

Pequeña se me ha quedado esta ciudad... Mucho me gustaría probar suerte en la Corte.

LUISA

De allá era venido el matador de don Fernando.

FELICIANA

En ese caso, motivos tenemos ambas para el viaje. Tú, el honor. Y yo el placer que, siendo tan pocos los hombres diestros en dar satisfacción a una mujer, requiere muchos intentos el hallarlos...

LUISA

Don Fernando sí lo era... Esa carta debe estar en algún sitio.

FELICIANA

Aquí no hay nada.

LUISA

Malditos criados... Han huido antes de que nadie pueda acusarles de su muerte. Y bien que se han pagado el salario de su propia mano.

FELICIANA

(Abriendo, sin éxito, cajones y cajas.) ¿Tampoco hay joyas? ¿Qué clase de galán no guarda joyas en su casa?

LUISA

Guardaba muchas de su difunta madre. En un cofre con ribetes púrpura.

FELICIANA

Ni cofre ni ribetes ni púrpura hay aquí. A tus galanes, Luisa, deberías elegirlos mejor.

LUISA

¿Tengo yo la culpa de que los apuñalen?

FELICIANA

Este ya es el tercero.

LUISA

La fatalidad nos persigue.

FELICIANA

El primero, porque sedujo a una mujer casada. El segundo, por unas deudas de juego. Y el tercero, por la traición de un envidioso.

LUISA

Están muy vivos cuando los elijo. No es culpa mía que se mueran después.

FELICIANA
A lo mejor hay algo en ti que acaba matándolos. Y no de amor, precisamente.

Entra TEODORA.

TEODORA
¿Todavía aquí?

LUISA
Buscábamos…

TEODORA
(Mirando los cajones vacíos). Estos criados eran expertos limpiadores.

LUISA
Mal sirvieron a su señor.

TEODORA
No les culpo, que bien hicieron sirviéndose a sí mismos. Los poderosos solo lo son cuando los débiles les permiten serlo.

FELICIANA
Madre, debemos irnos.

TEODORA
Pobre don Fernando. Tan buen mozo…

FELICIANA
Mucho. Con el tiempo, hasta habría podido servirme a mí.

LUISA
Me temo, hermana, que no era hombre de los que se

enamoran de galas y tocados, sino de la conversación y el intelecto.

FELICIANA
De eso mismo acaban muertos tus galanes, querida Góngora. De aburrimiento.

TEODORA
Aquí no hay nada para nosotras. A no ser que… ¿Dónde está el coche de don Fernando?

LUISA
En la parte trasera de esta calle.

TEODORA
¿Y el cochero?

LUISA
Huido.

FELICIANA
Gran novedad en esta casa.

LUISA
Como era esclavo, en cuanto supo de la muerte de don Fernando debió pensar que era el momento de ganarse su libertad…

FELICIANA
¿Qué nos importa lo que hiciera ese hombre?

TEODORA
Nos importa el regalo que nos dejó.

FELICIANA
¿A nosotras? ¿Y por qué había de ser un regalo su libertad?

TEODORA
Su regalo es el coche.

LUISA
¿El coche, madre?

TEODORA
Nada se valora tanto en nuestros días como la autoridad y el porte. ¿De qué le sirve a una mujer la buena cara, ser discreta y tener otras gracias si las sustenta en traje humilde? Todos nos han de tratar siempre según nuestra apariencia. Cierto es que en Sevilla recibimos buena estimación. A las tres nos respetan, nos aplauden y nos celebran. Pero si subiéramos un punto en la escala social, mayores serían nuestros aplausos.

FELICIANA
¿Y cómo lo haremos?

LUISA
Villanas nacimos las tres. No hay modo de cambiar eso.

FELICIANA
Solo casarnos con un noble... Y no es cosa de mi gusto renunciar a la libertad.

TEODORA
¿Quién habló de casarse? Hay un modo mucho más sencillo y menos doloroso.

FELICIANA
Explicaos, madre.

TEODORA
El cielo ha permitido la muerte del malogrado don Fernando; harto ha perdido nuestra casa con ella, pues al

paso que iba enriqueciéndola, en apenas dos años habríamos sumado un grandioso mayorazgo.

Feliciana
Dios lo acoja en su seno y el cielo vengue su mala fortuna.

Luisa
(Dando, al fin, con la carta que busca. Abriéndola nerviosa y leyéndola...) No ha de ser el Cielo, sino yo quien empuñe la espada.

Teodora
En su marcha, don Fernando nos dejó aquí un coche del que depende toda nuestra felicidad. Bastará pasearnos en él para que nos llueva la nobleza de la que carecemos. Todos nos conocen en Sevilla, así que será menester cambiar el destino. Un lugar donde vernos en ese carruaje haga que llueva sobre nuestras cabezas la nobleza que aquí nos falta.

Luisa
(Con intención.) ¿Madrid?

Teodora
Eso mismo pensaba…

Feliciana
(Ilusionada.) ¡Madrid!

Luisa
Diría que nos leísteis el pensamiento…

Teodora
Madrid es el refugio de todo peregrino, el cobijo de los desamparados. Su trato hechiza y su confusión alegra. ¿A

qué humilde mujer no engrandecería y convertiría en una dama noble como las tres que, gracias a este coche, seremos también nosotras?

FELICIANA
Se cuenta que la corte es el lugar de los milagros...

LUISA
(Para sí. Leyendo la carta.) Don Horacio Ventura.

FELICIANA
El sitio donde todo es posible…

LUISA
(Decidida.) Ha de serlo.

TEODORA
Y más aún con vuestra belleza, ¿qué no podremos conseguir con vuestras artes? ¿Qué galas no estrenaréis? ¿Qué regalos no os harán? ¿A qué fiesta no seréis invitadas? Toda la juventud de Madrid, así la noble como la rica, se pondrá a vuestros pies. ¿Qué no conseguiréis con vuestra belleza, vuestro ingenio y vuestro talento? Solo aquello que no os propongáis lograr.

LUISA
Necesitaremos elegir nuevos nombres…

FELICIANA
¿Elegirlos? ¿Como si fueran manzanas?

TEODORA
Eso mismo son, solo que a los apellidos se les atribuyen dignidades y fama que, por ser simples manzanas, no merecen. Vamos, el tiempo apremia.

FELICIANA

¿Lo encontraste?

LUISA

(Asintiendo y blandiendo la carta ante su hermana.) ¿Quién se encargará de guiar el coche?

FELICIANA

Yo lo haré. No creo que sea difícil.

LUISA

Temo que confundes cabalgar con guiar un coche de caballos.

FELICIANA

Si diestra soy en lo primero, también lo seré en lo segundo.

TEODORA

Feliciana, toma las riendas. Nos vamos a Madrid.

ESCENA II

Madrid, calle del Príncipe. En su nueva casa.

TEODORA

(Dolorida.) Aún me duele la espalda de los saltos y brincos del maldito viaje.

FELICIANA

¿Y es culpa mía el mal estado de nuestros caminos? Por no hablar del encuentro con ese grupo de bandoleros… O, peor aún, con los de la Santa Hermandad. No sé si me ha indignado más el intento de robo de los primeros o el intento de chantaje de los segundos.

TEODORA

A unos y a otros bien nos hemos bastado solas para contentarlos.

LUISA

Más nos habría valido no tener que hacerlo. Que agotada vengo de dar tantas razones y falsas promesas.

TEODORA

Con poco les hemos satisfecho. Con los hombres basta saber usar bien el verbo para no tener que gastar tanto el cuerpo.

LUISA

Otras palabras les habría dicho yo…

FELICIANA

Es más grande que el cuarto que teníamos en Sevilla.

TEODORA

Y más caro. Importa que despleguéis pronto vuestras artes si queremos mantenerlo.

FELICIANA

Quien las tenga…

LUISA

¿Me desafías, hermana?

TEODORA

El coche será el que dé autoridad a nuestros engaños. A las dos os aviso que tendréis que aprovecharlo y usarlo con vuestra belleza y vuestra astucia. Y recordad, siempre sin más enamoramiento que el fingido y sin más liviandad de vuestros cuerpos que la que queráis emplear. Nos aprovecharemos de las muchas flaquezas de los hombres, pero sin doblegar nunca nuestras voluntades.

LUISA
(*Asomándose al balcón.*) Es ruidosa la calle.

Ven pasar a un hombre, en sus cuarenta y algo, cargado de un pliego de folios, muy apuesto y galán.

TEODORA
Animada y muy favorable a nuestros intentos.

FELICIANA
(*Mirando cómo se marcha el hombre del pliego.*) Mucho... ¿Cómo se llama?

TEODORA
Calle del Príncipe. Una de las más frecuentadas de todo Madrid por estar cerca de los corrales de comedias... Y porque en ella viven muchas damas de la profesión.

FELICIANA
¿De qué profesión? ¿De la teatral o de la nuestra?

LUISA
¿En tu caso hay alguna diferencia?

FELICIANA
Tendremos rivales entonces.

TEODORA
Nada que no podamos vencer. Pero recordad que en nuestro corral las comedias tienen un público muy peligroso. Nosotras nos arriesgamos a acabar emplumadas o, peor aún, muertas.

FELICIANA

Deberé empezar yo. Es el castigo del don de mi hermosura.

LUISA

Soberbia amaneciste.

FELICIANA

¿Apostamos quién conseguirá antes reunir más prendas de valor?

TEODORA

Me place esa sana competencia.

LUISA

No he de engañar yo a víctimas que no lo merezcan.

TEODORA

¿Melindres tienes, Luisa?

LUISA

Conciencia, que no melindres.

TEODORA

¿Necesitas que te recuerde nuestros motivos? ¿Prefieres vivir en casa ajena y ser criada o, peor aún, monja? ¿Esa es tu voluntad?

LUISA

No es eso, madre, pero no veo nobleza alguna en despojar al ingenuo.

TEODORA

No es al ingenuo, sino al bravucón al que van destinadas nuestras artes, que si ellos pretenden engañarnos con sus prohibiciones y normas, qué malo habrá en que usemos esas mismas leyes en nuestro provecho. Solo os pido que juguéis la partida sin perder atención en un punto. Y recordad que cuanto mayor sea la presa, más jugoso será nuestro beneficio.

FELICIANA
Si Dios alentó la rivalidad entre Caín y su hermano Abel, por qué no podemos nosotras hacer lo mismo.

LUISA
Porque Caín acabó matando a Abel, bestia.

FELICIANA
El diablo andaría por allí.

Vuelve a verse al hombre que acaba de pasar. Se apoya en un extremo de la calle mientras revisa el pliego que lleva consigo.

TEODORA
Por allí, no lo sé. Por aquí, seguro que sí. Y yo diría que nos es favorable.

LUISA
Parece escritor.

FELICIANA
Me encargaré de inspirar sus líneas.

LUISA
¿Tú? ¿Con un poeta?

FELICIANA
Esta ocasión tiene mi nombre.

LUISA
¿Y cómo se llama? ¿Fracaso?

FELICIANA
Escondeos, no nos conviene que nos vea juntas.

TEODORA
Empieza el entremés.

FELICIANA *sale a la calle y se acerca al desconocido.*

FELICIANA
¿No sabrá vuestra merced dónde puedo encontrar el Corral del Príncipe?

CÉSAR
Muy cerca os halláis. ¿Buscáis a alguien o algo en particular?

FELICIANA
A algún autor de comedias que necesite actriz con la que contar su próxima historia.

CÉSAR
No podéis, entonces, haber llegado en mejor momento.

FELICIANA
¿Acaso vos...?

CÉSAR
Solo las escribo, que de darles vida ya se encargan otros.

FELICIANA
¿Habéis escrito muchas?

César
Muchas.

Feliciana
¿Y cómo se llamaban?

César
No tienen título.

Feliciana
Gran novedad es esa.

César
Todas las empecé, pero solo terminé la que hoy llevo conmigo. Y me sería de gran ayuda escuchar las voces que aquí hablan para determinar si es bueno cuanto he dado por tal.

Feliciana
Estaría encantada de ayudaros.

César
Permitidme que me presente, señora. Mi nombre es César Antonio, genovés de origen y mercader de oficio, hasta que la muerte de mi esposa y la llamada de Talía me hicieron abandonar barcos y negocios para consagrar mi talento a copiar las rimas que ella me dicta.

Feliciana
Ardo en deseos de conocer las rimas que os dicta esa tía vuestra.

César
Aún no sé vuestro nombre.

FELICIANA

Doña Ángela de Bolea.

CÉSAR

Nunca os había visto por estas calles…

FELICIANA

Porque no son muchos los días que he pasado en Madrid. Apenas acabo de llegar de Zaragoza, donde vivía casada con un caballero de alto linaje que, por desgracia, murió en Flandes.

CÉSAR

Así que vinisteis aquí en busca de una nueva vida.

Entra LUISA *vestida de hombre.*

LUISA

Hermana, ¿con quién hablas?

CÉSAR

Permitidme presentarme. Mi nombre es César Antonio, genovés de origen y mercader de oficio, hasta que murió mi esposa y me llamó Talía.

FELICIANA

Este gentil caballero solo me indicaba el camino hacia el Corral del Príncipe.

LUISA

Bien sabré llevarte sin ayuda de ningún desconocido.

FELICIANA

Que el celo por mi honor no te vuelva descortés, querido Lorenzo.

Luisa

Sabes que soy fiel guardián de tu decoro.

Feliciana

Así es, que no hubiera prisión más firme que la de tu afecto.

Luisa

Propicia es esta calle a que esos barrotes se rompan. Bien sabemos cuanto acontece en los aledaños del teatro.

César

¿Vos también conocéis el oficio?

Luisa

Solo como afición.

Feliciana

No seas modesto, hermano. Y confiesa que eres uno de los cómicos más reputados de toda Zaragoza.

César

¿Hermano cómico? Interesante familia la vuestra.

Feliciana

No lo sabéis bien…

César

Ya leí en los astros que hoy sería día importante en mi vida.

Luisa

¿A los astros creéis?

César

Nunca me engañan. No hay verdad mayor que la que está escrita en las estrellas.

LUISA
Nuestra vida, entonces, es comedia divina.

CÉSAR
Y siendo la mía humana, ¿querríais leerla?

LUISA
¿Escritor sois?

FELICIANA
Lo es. Por vocación y deseo de su tía.

LUISA
¿Con quién compararíais vuestro estilo? ¿Con Tirso? ¿Con Calderón? ¿Con Rojas? ¿Con Lope?

CÉSAR
Con todos ellos. El mío es personalísima suma. Comedia de honor con lances bizantinos e interludio trágico.

LUISA
No conociera Aristóteles tal género.

CÉSAR
Pero alabáralo igual.

FELICIANA
Sin duda. A mí siempre me gustaron las tragedias cómicas con invitados bizantinos.

CÉSAR
Habrá de sorprenderos cuando lo leáis.

LUISA
Habremos de leerlo para comprobarlo.

CÉSAR
No seáis duro con el veredicto.

LUISA
Si pedís opinión, recibiréis sinceridad, que de otro modo careciera de sentido vuestra súplica.

CÉSAR
Algo hay en vos que me hace desear con fuerza esas razones.

FELICIANA
Querré daros yo también las mías.

CÉSAR
Y bien podréis. Que mañana he de venir a escucharos. *(Entregándole su pliego a* LUISA.*)* Tomad entonces.

FELICIANA
Sea hasta mañana.

CÉSAR
Quedad con dios. *(Sale.)*

FELICIANA
No sé si eso fue ayuda u obstáculo.

LUISA
¿Con un literato, hermana? Sin mí, vuestra conversación estaría ya tan muerta como mi don Fernando.

FELICIANA
No era hablar lo que yo pretendía.

LUISA
Un hombre como él necesita más del elogio de su pluma

que del alimento de sus apetitos. Además, juraría que en su menú no hallarían mal acomodo los encantos de mi Lorenzo.

FELICIANA
Dame. Seré yo la que le devuelva su obra. A ti te corresponde buscar galán propio.

LUISA
(Ojeando el pliego.) Por la apariencia, debe ser esta la peor comedia que jamás se escribió. Con lances bizantinos... Poco de poesía había en sus ropas de mercader.

FELICIANA
Cierto, poca poesía, pero mucho dinero. Y eso es lo que buscamos, querida Luisa. Escudos, que no versos.

LUISA
Ya podría haber desoído ese mercader presuntuoso el aviso de Talía que, por lo que aquí leo, la diosa no lo estaba llamando a él.

Entrando en casa de nuevo.

TEODORA
(Señalando, con desprecio, el pliego.) ¿Esa fue toda la ganancia?

FELICIANA
Solo es el cebo para lo que vendrá.

TEODORA
¿Y la presa es propicia?

FELICIANA
Genovés. Mercader. Viudo... Y acaudalado.

TEODORA

Todo me cuadra. Ya solo necesitamos dar con un par para Luisa.

FELICIANA

¿Un par? ¿No tendrá bastante con matar a un caballero que ahora habrá de hacerlo de dos en dos?

LUISA

Madre quiso decir a un igual, bruta.

TEODORA

Subamos, pues, al coche, que hemos de cambiar el lugar si no queremos vernos entre fuegos vecinos.

LUISA

Esta vez seré yo quien lo guíe. Que no deseo emular otra vez a Faetón.

FELICIANA

¿Y dónde iremos?

LUISA

A la calle Alcalá, que es anchurosa y no muy lejana de esta, frecuentada por jóvenes nobles y con buenas rentas.

TEODORA

¿Seguirás, pues, los pasos de tu hermana?

LUISA

(Mientras busca y coge un vestido muy elegante.) Con una condición.

TEODORA

¿Cuál?

LUISA

Que no he de bajar del coche más que ante el galán y la puerta que yo decida.

FELICIANA

¿Puerta ha de ser?

LUISA

Puerta y encierro del que, privada de libertad, sacaré el mayor de los provechos.

FELICIANA

No lo entiendo.

LUISA

Sorpresa mayúscula sería que lo hicieses.

TEODORA

Vayamos entonces. ¿Necesitas un baúl con tus vestidos?

LUISA

No, que me las ingeniaré para conseguir ropas y joyas del caballero que elija. Lo despojaré de sus riquezas sin que él alcance a mancillar mi honor.

TEODORA

Eso no debe preocuparte, Luisa, que los honores y sus manchas no son sino invención de los hombres con que atar nuestras voluntades. No es el honor ganancia que sume.

LUISA

Pero su pérdida sí es oprobio que resta.

TEODORA

Vayamos pues a llamar a esa puerta que todo lo concede.

Escena III

TEODORA, FELICIANA *y* LUISA *parten en el coche. Esta aprovecha el trayecto para cambiarse y ponerse el vestido de gala que escogió. Llegan a la calle Alcalá, donde – leyendo en su balcón – se halla* HORACIO, *un hombre joven y apuesto, aunque algo menos alto que las damas que están a punto de irrumpir en su vida.*

HORACIO
«Flaco es el consejo de las hembras. La razón es porque las mujeres y los niños se pueden comparar, que las mujeres son como los mozos, y así como los niños no tienen consejo acabado, porque son menguados en su entendimiento y en la razón, así las mujeres tampoco, porque son menguadas en sus entendimientos. Y podemos así declarar que, como dice Tulio, el consejo es parte de la sabiduría y el consejo de las mujeres es flaco porque en ninguna de ellas hay sabiduría complida y, por tanto, no puede haber consejo complido. No hay consejo donde no hay sabiduría»[2].

TEODORA
¿Ha de ser este?

LUISA
Sí, madre. Esta es la puerta que he decidido abrir.

FELICIANA
¿No es demasiado joven?

TEODORA
Pero muy apuesto.

---

[2] *De regimine principum*, Juan García de Castrojeriz (s. XIV).

FELICIANA
(*Sorprendida y en claro desacuerdo.*) ¿Apuesto, madre? ¿Ese alfeñique?

TEODORA
Tanto que si no fuera su elección, habría de serlo mía.

LUISA
¡Madre!

TEODORA
Los años no nos aplacan la sed, Luisa, solo hacen más difícil dar con el vino que la sacie…

FELICIANA
Poco nos va en su belleza si su bolsa no es igual en importancia. Y con sus pocos años no pudo haber tenido tiempo de amasar gran fortuna.

LUISA
Tiempo hubo de robarla.

TEODORA
¿Cómo?

LUISA
No fueron los criados quienes despojaron a don Fernando…

TEODORA
¿Entonces este caballero es…?

LUISA
Es.

TEODORA
¿Por eso hemos recorrido tantas calles y casas sin hallar puerta alguna que te convenciera?

Luisa
Por eso, madre.

Feliciana
Podías haberlo dicho, que tengo las piernas entumecidas de recorrer en coche todo Madrid.

Luisa
No te inquietes, hermana, seguro que las desentumeces pronto.

Teodora
No sé si es buena idea, Luisa. Miedo me da verte cegada por el odio y atrapada en las redes de un hombre como él.

Luisa
Bien sabré cuidarme.

Teodora
No es presa habitual...

Luisa
Por eso disfrutaré con mi engaño. Y bien caro ha de pagar ese hombre por su vileza.

Feliciana
(Observándolo.) Curioso caballero... No es de gran estatura.

Teodora
Tampoco enano.

Feliciana
Pero sí de menor tamaño que ella.

Luisa
Más a mi gusto, que podré manejarlo a mi antojo.

TEODORA

Y bien proporcionado.

LUISA

Poco podré disfrutar a quien tanto odio.

TEODORA

Tiempo hay para que ese odio sea precedido por el placer. Que nada malo hay en dejar disfrutar al cuerpo antes de darle una venganza al alma.

LUISA

¿Eso me aconsejas, madre?

TEODORA

Ahora y siempre. A mi edad he vivido bastante como para pedir a mis hijas que no se dejen consumir entre remilgos, fealdades y tristezas. Vivamos, que el tiempo se encargará de todo lo demás.

FELICIANA

Si es tu elección... Sola tú has de correr este riesgo, hermana, que mientras tú vengas honores y limpias sus manchas, me he de hartar yo de joyas y de regalos con mi genovés.

LUISA

Tus lujos genoveses serán penurias madrileñas en esta casa.

FELICIANA

¿Cómo dices, Luisa?

LUISA

(*Dándole unas ropas desgastadas y propias de una criada.*) Toma. Serás mi doncella.

FELICIANA
¿Tú, mi hermano en mi estafa y yo, criada en la tuya?

LUISA
Los papeles los reparten quienes escriben las comedias.

FELICIANA
(Cambiándose con desgana.) Autora he de hacerme para devolverte tanto agravio.

TEODORA
Cuidad, ante todo, que nada de cuanto hagáis llegue a oídos de la justicia. Consigamos que sus acusaciones no dañen más que a su honra, no a la nuestra.

LUISA
Así se hará… Ahora necesito que gritéis.

FELICIANA
¿Y qué gritamos?

LUISA
Con que digáis mi nombre y algún juramento bastará.

FELICIANA
(Gritando.) ¡Luisa, por Dios! ¡Luisa, teneos!

LUISA
(Haciéndola callar.) ¡Shhhhh! ¡Aún no! Espera a que os dé la señal. Y tienes que gritar mi nuevo nombre.

TEODORA
¿Y cuál será?

LUISA
Os presento a doña Blanca, hija de don Lope Zapata y Meneses, del hábito de Calatrava.

HORACIO *deja el libro y, con su laúd, comienza a cantar.*

HORACIO
Es el engaño traidor
y el desengaño leal;
el uno, dolor sin mal,
el otro, mal sin dolor.

Tiempo, amor y fortuna
graves enemigos son,
que con solo mudar uno,
trocarán los otros dos.

TEODORA
Profeta es el galán.

FELICIANA
Lorenza ya está lista.

Las tres se ríen. LUISA *hace una señal a su madre y a su hermana.*

LUISA
¡Parad el coche! ¡Parad o me tiro!

TEODORA
¡Pero doña Blanca!

FELICIANA
¡Señora!

Los gritos despiertan la curiosidad de HORACIO, *que detiene su música y se asoma al balcón a ver qué sucede.*

LUISA
(Bajando del coche.) ¡Antes me daré muerte que un solo

45

paso más! *(A su hermana, haciéndole señales para que baje también.)* ¿Por qué no me avisaste antes de este engaño?

FELICIANA

(Bajando. Desconcertada.) Nada sabía hasta ahora…

LUISA

¡Traición ha sido! ¡Traición es traerme contra mi voluntad a efectuar lo que yo no quiero!

FELICIANA

Calmaos, doña Blanca.

TEODORA

(Sin dejarse ver.) ¡Volved al coche!

LUISA

¡Nunca!

TEODORA

¡Volved os digo!

LUISA

¡Sobre mi libre albedrío no tiene nadie jurisdicción!

FELICIANA

Mi señora, baje usted el tono, que acabará juntándose gente…

LUISA

¡Calla, Lorenza! O caerá sobre ti la furia que le debo a quien me obliga. No habrá quien estorbe hoy mi fuga.

TEODORA

No seré yo quien lo permita.

LUISA

Calla, vieja, que no eres más que la esclava de mi pérfida tía.

TEODORA

(A su hija. Molesta por el comentario sobre su edad.) ¿Es necesario para tu engaño insultar a mis pocas canas, deslenguada? *(Se aleja en el coche.)*

FELICIANA

Dejad que os acompañe.

LUISA

Has de ser una tumba, Lorenza. No quiero enemigas bajo mi techo. *(Golpeando la puerta de la casa de* HORACIO*.)* Esta casa, sea de quien fuese, será mi amparo. Aquí me libraré del peligro que me aguarda. Haya quien haya, y aunque yo diría que aquí ha de vivir gente principal, hallaría más piedad en una leonera que entre las fieras adonde me llevan.

HORACIO

(Abre la puerta.) Señora, ¿qué os sucede?

LUISA

(Se lanza a los pies del joven.) Generoso caballero, si hay corazón y cortesía en vos, valedme, amparadme de esa vieja dueña que intenta llevarme por fuerza a que pierda mi libertad con un casamiento que no es de mi gusto.

HORACIO

(Deslumbrado por la belleza de la joven.) No ha de suceder eso en mi presencia, que con placer os acogeré en mi casa.

TEODORA

(Sale sin que HORACIO *tenga tiempo de verla.)* Tendréis noticias mías.

LUISA

¡Gracias, señor! ¡Gracias! *(Forzando el llanto.)* ¡Triste de mí que me hallo arrojada de mi casa por quien solo busca doblegar mi voluntad!

HORACIO

Calmaos, señora. Que aunque dudo que mi casa sea digna de vuestra hermosura, podréis valeros de esta mi humilde choza para huir de ese lance. Quisiera ser poderoso monarca y gozar de todas las riquezas del mundo para ofrecéroslas en vuestro consuelo.

FELICIANA

No lo querríamos menos nosotras…

HORACIO

Aquí estaréis oculta el tiempo que lo necesitéis. Y servida seréis sin que nada os falte de lo que fuera vuestro gusto. Fenómeno extraño es que una estrella se aloje bajo el mismo techo que un simple hombre.

LUISA

Tanto brillan vuestras palabras y vuestra generosidad como el diamante que adorna vuestra mano. Tan noble habéis de ser como él.

HORACIO

Baratija es mi anillo al lado de la belleza y el brillo que con vos entra hoy en mi casa.

FELICIANA

Señora, será mejor que entremos, no vaya a enviar su tía a nuestro primo…

HORACIO

Entrad sin miedo.

Entran.

LUISA
Pudor me da molestaros...

HORACIO
(Acercándose mucho a ella, que intenta esquivarlo.) ¿Cómo habría de molestarme ver algo tan hermoso como vos? Que solo vuestra mirada ya es alimento para mi alma.

FELICIANA
(Para sí.) Otro alimento parece que busca...

LUISA
(Levantándose para alejarse de él. Ve que tiene muchos papeles.) Ocupado estabais.

HORACIO
No mucho, en realidad, que solo me entretenía en cantar para olvidar ciertos pleitos en los que ando con la justicia.

LUISA
¿Con la justicia?

FELICIANA
Quizá, señora, no sea esta casa adecuada para nuestro refugio...

HORACIO
Cuestiones de una herencia que acabo de recibir.

FELICIANA
(A su hermana.) Adecuadísima es.

HORACIO
(Volviendo a acercarse a ella.) ¿No querríais poneros más cómoda? Que algún jubón mío puedo dejaros...

FELICIANA
¿Jubón, mi señora?

LUISA
Bien estoy así, que aún he de serenar mi ánimo… ¿Tendréis un poco de agua?

HORACIO
Y si no la tuviera, dárosla habría de mis propios labios…

LUISA
No será necesario tanto esfuerzo, que con un vaso tendré suficiente.

HORACIO
Aguardad un segundo. *(Sale a por un vaso.)*

FELICIANA
(A LUISA.*)* Fogoso es el galán.

LUISA
(Sin que las oiga HORACIO.*)* Y atrevido. Pero ya me encargaré yo de que se queme con sus propios fuegos.

HORACIO
(Volviendo con el agua.) Espero con impaciencia el relato de vuestras desgracias. Quizá pueda ayudaros a volverlas ventura.

LUISA
(Esforzándose por llorar.) Y contároslo he con todo detalle. En cuanto pueda hablar de ello…

HORACIO
(Intentando, una vez más, acercarse a ella y abrazarla.) Tened mi hombro para soportar vuestro dolor y vuestras lágrimas.

FELICIANA
(Interrumpiendo.) ¿No me decíais, señora, que queríais daros un baño?

HORACIO
Allí encontraréis todo lo necesario.

FELICIANA
Os lo prepararé ahora mismo.

HORACIO
No tardéis, que os espero impaciente. A vos y a vuestro relato.

LUISA
Muy pronto lo tendréis.

Salen LUISA *y* FELICIANA. HORACIO *vuelve a su libro.*

HORACIO
(Cada palabra lo convence más de su intención de seducir a DOÑA BLANCA.*)* «Por el amor la mujer lo arriesga todo y, sin temor ni vergüenza, se deja vencer por sus encendidos deseos. Ni miran el honor de marido, parientes, amigos ni de sí mismas, ni el respeto a la fama ni, muy menos, el temor de la muerte. Antes bien, todo lo olvidan para que la voluntad goce, aunque sepan que a la postre habrán de llorar. Pero, aunque hubiere llanto, más quiere la mujer placer presente que gozo advenidero»[3].

---

[3] *Grisel y Mirabella*, Juan de Flores (h. 1455-1525).

Escena IV

Se oye preparar el baño, pero solo está Feliciana.

Feliciana
(Fuerte. Para que Horacio *la oiga. Ganando tiempo...)* ¿Está bien el agua, señora? ¿Un poco más caliente, decís? Por supuesto. Ahora mismo. Qué suerte haber dado con esta casa y este buen señor. ¡Qué nobles prendas! ¡Qué magnánimo gesto! ¡Qué generoso espíritu! ¡Qué apuesta figura! ¡Qué cristalina mirada! ¡Qué refulgentes ojos! ¡Qué intrépido andar! ¡Qué hermoso ánimo! ¡Qué corazón de oro!

Entra Luisa.

Feliciana
(Bajando el tono. Agotada.) Menos mal que llegas, hermana. Empezaban a agotárseme los epítetos. *(Comienza a vestirse, de nuevo, como* Doña Ángela.*)*

Luisa
(Volviendo a subir la voz.) Acércame el jabón, Lorenza.

Feliciana
Aquí lo tenéis, señora. *(Bajando el tono de nuevo.)* ¿Lo encontraste?

Luisa
(Asiente mientras comienza a desvestirse hasta quedar cubierta tan solo por una toalla.) ¿Ves esa puerta? Pues desde ahí se puede llegar al jardín de la casa que, a su vez, confina con otro de una casa vacía. Solo los separa una puerta cubierta de yedra que ni siquiera tiene cerrojo, así que es fácil atravesarla y llegar a la calle sin ser vistas. Ese será nuestro modo de entrar y salir de esta casa.

Feliciana

Lo probaré yo la primera, que no nos conviene que César sospeche.

Luisa

¿Leíste su pliego?

Feliciana

No, que de la literatura y la retórica eres tú la encargada. ¿Fue de tu agrado?

Luisa

Lo sería que nunca escribiese una sola línea más. Su obra causaría la muerte de las mismísimas nueve musas si tuvieran que enfrentarse a ella…

Feliciana

¿Y qué hago entonces?

Luisa

Mentir, por supuesto. Háblale de sus rimas, de sus personajes, de la agudeza de su intriga, dile que recuerda en su humor a los enredos de Aristófanes y que son hermosos los versos que toma de las *Metamorfosis* de Ovidio y de los poemas de Catulo.

Feliciana

¿Que *toma* versos de otros dices?

Luisa

Solo es ese su mérito, que bien plagia las voces ajenas y hasta coloca con gracia los versos de otros donde mejor puedan brillar en medio de su infinito disparate.

Feliciana

¿Que plagia, dices?

LUISA

Hábito aceptado es en nuestras letras, que ya dijera Cervantes en su *Quijote* que «cada uno escriba como quisiere y hurte de quien quisiere».

FELICIANA

No sé qué dijera Cervantes, pero sí sé lo que dijera yo. Que si el genovés hurta los versos a otros, bien estará que nosotras le hurtemos a él unos cuantos escudos.

LUISA

Costumbre es entre los poetas más excelsos. Cervantes, en su *Viaje al Parnaso*…

FELICIANA

Ni sé ni me interesa qué viaje sea ese ni dónde está el tal Parnaso. Y tampoco entiendo que tú defiendas los robos ajenos cuando con tantos remilgos cuestionas los nuestros.

LUISA

No es lo mismo un verso que una moneda.

FELICIANA

Cierto. ¿Acaso no es más costoso el verso, que nace del corazón, que la moneda, que nace del bolsillo?

LUISA

(Desconcertada ante los argumentos de su hermana.) Nunca pensé que… Cervantes creía que…

FELICIANA

Mucho hablas por boca de ese Cervantes y muy poco por la tuya. Que de tanto leer se te acabará llenando el cerebro de ideas ajenas hasta que tu cabeza sea también plagio de las cabezas de otros. Déjame hacer a mí, Luisa, que bien empleado le estará el engaño a quien no tiene miramientos en robar su ingenio a los demás.

HORACIO
(*Al otro lado de la puerta.*) Señora, ¿os encontráis mejor?

LUISA
¡Sí, mucho mejor! (*Dándole una nota a su hermana y empujándola para que se vaya cuanto antes.*) Tienes que irte.

FELICIANA
Pero…

LUISA
Ahí tienes anotado lo esencial… Alaba que incluya la *Fábula de Polifemo y Galatea* y los amores de Odiseo y de Penélope. Y afirma que su obra es, por su retórica y su métrica, digna de un Sófocles. O de un Eurípides… Márchate.

FELICIANA *hace ademán de abrir la puerta que comunica con el cuarto donde está* HORACIO.

LUISA
Por ahí, no, por la puerta secreta.

FELICIANA
(*Repitiendo para sí.*) Digna de un Só… ¿Cómo era?

LUISA
¡Vete! (*Sale* FELICIANA. *A* HORACIO.) Pasad sin miedo.

HORACIO
No quiero incomodaros.

Luisa
No me incomodáis.

Horacio *abre y se queda boquiabierto y muy complacido al ver a* Luisa *cubierta únicamente por su toalla.*

Horacio
No os imaginaba vestida en traje tan natural…

Luisa
¿Me acercáis ese vestido?

Horacio
(Se lo acerca e intenta acariciarla con esa excusa.) Venus salida del agua sois.

Luisa
Exageráis.

Horacio
¿Os ayudo a vestiros? Que buen criado puedo ser de dueña tan hermosa…

Luisa
No admitiré tal, que es mucha vuestra dignidad. *(Mientras se pone el vestido, busca algo con la mirada. Fingiéndose desolada.)* ¿Dónde lo habré perdido?

Horacio
¿Qué buscáis?

Luisa
El único recuerdo que guardo de mi padre. Una hermosa sortija que he conservado conmigo desde que, siendo apenas una niña, nos abandonara. Dios lo tenga en su gloria.

HORACIO
¿Y creéis que está aquí?

LUISA
Esperaba haberla perdido al entrar en el agua, pero temo que la haya extraviado en la calle, donde nunca volveré a encontrarla.

HORACIO
¿Era de gran valor?

LUISA
Tanto que solo con ella pensaba pagar mi libertad en los días futuros. Una libertad que, si vos me lo permitís, no puedo imaginar en otro lugar que no sea en esta casa y bajo vuestra protección.

HORACIO
Nada me placerá más. ¿Queréis que avise a vuestra doncella para que os ayude?

LUISA
Dejadla, que le he dicho yo que se acueste. Bastante miedo ha pasado la pobre en este lance...

HORACIO
Aún no me contasteis de quién necesitáis protegeros.

LUISA
(Coquetea con él a la vez que le relata su historia. El galán intenta mantener la atención, pero la joven lo distrae con sus movimientos y maneras.) Todo comenzó en Córdoba, donde anduvo mi padre ocupado en corregimientos algunos años. Allí nos fuimos con él mi madre y yo, con la mala fortuna de que un impertinente caballero diera en

festejarme, aunque su afecto, en vez de obligarme, acabara cansándome, que soy de aborrecer al que inoportuno se muestra.

HORACIO
Oportuno ha de ser mi nombre en adelante.

LUISA
Y bien lo sois, que aparecisteis inesperadamente en el mejor momento de todos. Quién hubiera podido preverlo…

HORACIO
Casualidad fue.

LUISA
Lo fue, sin duda… Que sin vuestra azarosa aparición, me veríais ahora en las manos de un hombre a quien no amo.

HORACIO
Terrible imagen sería veros en manos de hombre alguno.

LUISA
La temprana muerte de mis padres me obligó a venirme con mi tía y mi prima a esta corte, donde ha ya que residimos dos años. Y todo fue calma y tranquilidad hasta que aquel caballero cordobés vino aquí, pero no para servirme, sino porque se había propuesto casarse con la hija de un consejero. Como no le admitieron, le pareció atinado volver a mi servicio y pedirme en casamiento. Y si antes me era aborrecido, ¿qué habría de ser ahora, cuando me convertía en el premio de consolación de sus fracasos?

HORACIO
El mayor premio y fortuna sois vos, mi señora. Que no hay soneto de Petrarca que describir pueda vuestra belleza.

Luisa

Ni sátira de Quevedo que pueda describiros la fealdad de él. Pequeño de cuerpo, ruin persona, de feo rostro, contrahecho de miembros y de fiera y desapacible condición.

Horacio

Galán admirable.

Luisa

Con todo, mi tía, que nunca me quiso bien, no desestimó su súplica. Al revés, al saber de lo generoso de su dote, su codicia la abrazó y ella le concedió mi mano sin yo saberlo.

Horacio

¿Es posible tamaña crueldad? Una ninfa como vos en manos de un sátiro como él.

Luisa

Dichosa me siento de haber caído en manos de hombre tan espiritual como vos.

Horacio

Mucho. Muy espiritual. Fervoroso amante neoplatónico, que solo de las almas me enamoro y solo a las almas atiendo. Sobre todo cuando las almas tienen una piel como la vuestra.

Luisa

Por eso mi tía me hizo vestir con estas galas. Me obligó a subir al coche y, guiada por la más leal de sus dueñas, me llevó al lugar donde había de celebrarse el matrimonio. Solo gracias a mi doncella averigüé el engaño al que se me dirigía y, tan pronto como lo supe, salté del carro y corrí a la primera puerta que encontré. Así fue como me valí de la protección de vuestra casa, donde estaré hasta que sepa que mi tía deshace ese concierto. Si a vos no os incomoda…

Horacio
Terrible historia... Que parecería novela si no fuera verdad.

Luisa
Y verdad es. ¿Cómo podría inventarme algo así?

Horacio
Imposible sería. Y más aún siendo mujer, que novelar es tarea de varones.

Luisa
Y de hombres agudos y perspicaces como vos, capaces de discernir verdad de mentira sin el menor esfuerzo.

Horacio
Así es, por eso os ofrezco mi protección.

Luisa
(Esforzándose por llorar.) No sé si estas lágrimas son de emoción o de agradecimiento.

Horacio
Según me decís, presumo que no habéis sentido verdadero amor en vuestra vida…

Luisa
En efecto. Jamás lo conocí. ¿Qué ha de ser eso que llaman amor?

Horacio
Sentimiento que obliga y que nos da la vida con la misma fiereza con que nos da la muerte. Enfermedad y salud a un tiempo. Y muerte sin la que no es posible la vida.

LUISA
Todo eso es nuevo para mí.

HORACIO
Gran placer tendré en ilustraros sobre este tema.

LUISA
Y muy agradecida os estaré. ¿Sois experto en tan compli-
cada materia?

HORACIO
No me faltan historias que contar ni damas de las que
hablar. Con todas me porté galán y caballeroso, aunque no
siempre lo supieron entender. Hay quien, por esa debili-
dad connatural al género femenino, confunde la cortesía
con amor y la galantería con obligación. Nunca pretendí
herir a quien me quiso, pero no siempre pude querer del
mismo modo. A los hombres corresponde tomar iniciativa
y decidir el destino, nuestra es la obligación y la inevitable
responsabilidad de llevar las riendas del mundo.

LUISA
¿Y a nosotras qué nos queda entretanto?

HORACIO
El premio de saberos elogiadas y veneradas por quienes
hemos de guiar vuestra mano.

LUISA
La espera paciente.

HORACIO
Y el premio a la resignación del galán que os sirva.

LUISA
Envidiable situación la nuestra. Nada hay tan deseable
como vivir sometida y obediente.

HORACIO
En una feliz y eterna infancia. Quién pudiera. ¿Acaso las mujeres no sois niñas que hemos de mimar con nuestros cuidados?

LUISA
Interesante aprendizaje este. ¿Y han de ser todas las lecciones de la misma naturaleza?

HORACIO
Ciertamente.

LUISA
Mucho he de aprender con vos entonces. Que Dios sabe que resignación, sumisión y obediencia son los tres grandes pilares sobre los que edifico mi moral.

HORACIO
(Admirado de LUISA. *Quitándose su anillo.)* Tomad.

LUISA
¿Qué hacéis, señor Horacio?

HORACIO
Mucho me pesa el disgusto que habéis tenido con la pérdida de vuestra sortija. Y aunque esta no sea del valor de la perdida, os la ofrezco en su lugar, para que en mi nombre la llevéis.

LUISA
Me abrumáis. No puedo aceptar honor tan grande como este…

HORACIO
Solo es un prólogo a nuestras lecciones. Que no se puede aprender nada provechoso desde la tristeza.

LUISA

Prometo aplicarme. Mucho he de ilustrarme con vuestra ayuda en ese extraño tema del amor.

HORACIO

En breve serán más extensas nuestras clases. Os espero para cenar.

Sale.

LUISA

(Indignada.) Si vuestras lecciones son extensas, serán las mías muy prácticas, que o no me llamo Luisa o habéis de aprender a tratar a la mujer como una igual y no como a la esclava que veis en ella. ¿Novelar, cosa de hombres? ¿No oísteis hablar de María de Zayas? ¿Ni de Ana Caro? Dadme tiempo y tendréis mil argumentos de mi mano que compartir con quien quiera escucharos, que será esta provechosa y muy creativa estancia para ambos. No solo pagaréis la muerte de don Fernando, sino también vuestra soberbia y vuestro orgullo. Tenéis mi palabra.

ESCENA V

TEODORA

Discutido es el origen del nombre que nos dan a las hembras, que tantos nombres tenemos como almas y rostros. Si no, no fueran mis hijas tan distintas, que parece que Feliciana y Luisa se mirasen en un mismo espejo donde cada una encuentra un reflejo si no contrario, diferente. Diferencia de la que nace mi preocupación por las dudas de Luisa y la ingenuidad de Feliciana, que si a una le sobran moral y filosofía, a la otra le faltan miedos que la alejen del peligro.

Dos son como dos son los nombres que se nos dan, que *doñas* y *mujeres* somos en doble y etimológico prodigio. Hay quien cuenta que hoy se nos dice *doñas* porque antiguamente nos llamaban *danni*, que quiere decir *daño*. Y otros expertos en latines afirman que *doña* viene a significar tanto como *domina*, pues dueñas somos de sus corazones. *Mujer*, empero, viene de *mulier* y *mulier* de *melior*, que quiere decir *mejor*, pues el mismo Dios habría sido mujer si no hubiera escogido la forma de hombre para pagar así mejor su penitencia. Y muy necio es todo aquel que se figura tener fuerza y ciencia contra nosotras. Porque aunque sus fronteras estrechen nuestra libertad, en este mundo no hay nada, malo ni bueno, que tenga tan fuerte poder como la voluntad que hay en las mujeres.[4]

Entra Feliciana *repasando la nota de* Luisa *y tratando de aprendérsela.*

Feliciana
«Digna de Sófocles. Y hasta de Eurípides... Los enredos de Aristófanes... Las Me... Metamor... Las de Ovidio. Los poemas de Catulo. Polifemo y Galatea...». ¿No ha de haber un solo nombre normal en esta comedia?

Teodora
(Enseñándole un paquete enviado por Luisa *y envuelto en un pañuelo.)* Mira lo que nos manda en secreto tu hermana.

Feliciana
¿Qué es?

Teodora
La primera de las recompensas que ha conseguido Luisa.

---

[3] Versión de *Diálogo en laude de las mujeres*, de Juan de Espinosa (s. XVI) y *Maldit bendit*, de Cerverí de Girona (s. XIII).

FELICIANA

(Abriendo el pañuelo.) ¿¡Una sortija!? ¿De oro y diamantes?

TEODORA

Con buen pie empezó en vuestro certamen.

FELICIANA

Así caiga y tropiece por querer correr tanto.

TEODORA

¿Y qué me cabe esperar hoy de ti, Feliciana?

FELICIANA

No dudéis, madre, que mi caballero ha de servirme aún con mejores prendas, bien sé que don César guarda una importante fortuna entre las paredes de su casa... No ha dejado de alardear de ello en el poco tiempo que hemos compartido esta mañana.

TEODORA

¿Y qué te dio como prueba de su afecto?

FELICIANA

Este abanico.

TEODORA

¿Abanico dices?

FELICIANA

De su querida abuela. Y antes de su tatarabuela. Que, al parecer, todas las mujeres de su familia se hicieron aire con el mismo.

TEODORA

¿Y nada más?

FELICIANA
Prometió traerme otra muestra de su afecto esta tarde, a cambio de mi opinión sobre su comedia.

TEODORA
¿Opinión sobre una comedia? ¿Tú? ¿Y desde cuándo sabes algo de teatro?

FELICIANA
¿Puede mi hermana fingir ser seductora y no he de poder yo fingir ser bachillera?

TEODORA
Me preocupa que nos descubran.

FELICIANA
No lo harán, que ya me encargaré de completar con el cuerpo las lagunas de mi retórica...

TEODORA
¿Conviene que me quede?

FELICIANA
Es hombre resabiado... Quizá sea inteligente no dejarme sola, aunque mejor en otra forma.

TEODORA
Haréme dueña. *(Comienza a cambiarse.)*

FELICIANA
Como la hueca Celestina.

TEODORA
La alcahueta, Feliciana.

FELICIANA

Alcahueta y hueca, madre, las dos cosas era la vieja esa, bien sé lo que me digo.

TEODORA

Miedo me da dejarte sola hablando de versos y comedias.

FELICIANA

Tampoco ha de ser tan difícil. Juntar palabras, mezclar entuertos y escribir disparates que el público aplaude como si no hubiera nada igual. Nada más que eso es el teatro.

TEODORA

Gran doctora estás hecha.

FELICIANA

Igual que él, que no ha hecho sino una plaga de la obra de otros.

TEODORA

Plagio, dirás.

FELICIANA

No, madre, plaga. Y de la peor calaña. Plaga de versos tan malos como chinches, con la excepción de los que robó de otros.

TEODORA

Nada me place más que despojar a un ladrón de lo que no es suyo.

FELICIANA

Así ha de ser.

Llaman a la puerta. Feliciana *hace callar a su madre y esta, ya en forma de dueña, abre al galán.*

Feliciana
Sed bienvenido, caballero.

César
Bienhallada sea vuestra merced.

Feliciana
(Solo a él.) Impaciente me teníais. *(Subiendo la voz.)* A mi dueña le relataba hace un instante vuestras excelencias como poeta.

Teodora
Tanto que ya ardo en deseos de ver alguna de vuestras piezas.

César
Gran halago es, más aún he de perseverar en mi pluma donde no soy más que fervoroso aprendiz.

Feliciana
No dice este pliego tan humildes palabras de vos…

César
¿Lo leísteis?

Feliciana
Así es.

César
Desearía premiaros por ello…

Feliciana
Nada espero…

CÉSAR
Sabía que erais generosa musa.

FELICIANA
Pero no rehusaré algún galardón que queráis darme.

CÉSAR
Uno traje conmigo.

FELICIANA
(A su madre.) Sortija tenemos...

CÉSAR
¿Y qué os ha parecido?

FELICIANA
(Buscando el papel de su hermana.) Cómo empezaría...

TEODORA
(Sugiriéndole que use el abanico para cubrir el papel.) Probad
por el principio.

CÉSAR
El inicio es valiente, lo sé. Más era preciso que la acción
comenzase *in media res.*

FELICIANA
Sublime idea. Mucho mejor contar a medias que contar
por entero. Que lo primero sugiere y lo segundo cansa.

CÉSAR
¿Así lo creéis?

FELICIANA
Es gran obra la vuestra. *(Intentando leer el papel.)* Y digna
de sofoco.

CÉSAR
¿Cómo?

FELICIANA
(Corrigiéndose.) De Sófocles, que buen sofoco tendría si debiera medirse con vuestro talento.

CÉSAR
¿Y qué género me daréis?

FELICIANA
Varón, sin duda.

TEODORA
(Entre dientes.) Se refiere a su obra.

FELICIANA
Bromeaba...

CÉSAR
Lo suponía.

FELICIANA
(Mirando a su madre e intentando ganar tiempo.) ¿Importa el género en el teatro? ¿No somos todos, hombres y mujeres, iguales en el escenario?

TEODORA
(Ayudando a su hija.) ¿Es comedia o tragedia?

FELICIANA
Una comedia... Cómica.

CÉSAR
¿Comedia os pareció? ¿A pesar de las muertes del final?

FELICIANA
Es comedia hasta que empieza a ser tragedia. Pues vuestra obra es tan completa que resulta imposible describirla en una sola palabra.

CÉSAR
¿Y las fuentes?

FELICIANA
¿Sed tenéis?

TEODORA
(*Entre dientes.*) Se refiere a los autores en que se inspira…

FELICIANA
Bromeaba de nuevo…

CÉSAR
Lindo humor.

FELICIANA
Pues toda la obra me recuerda a (*intentando mirar el papel*) Aristóteles.

CÉSAR
¿Aristóteles?

FELICIANA
Aristófanes... Y a Eurídice.

CÉSAR
¿Eurídice?

FELICIANA
(*Corrigiéndose, con fastidio.*) Eurípides. Y qué emocionante

es *(leyendo cada vez con más dificultad)* vuestra versión de la fábula de los amores de Polifemo y... Odiseo, que sorprende al lector por lo inesperado de su historia.

CÉSAR

Inesperado, sin duda... Y en cuanto a su estilo, ¿qué os ha gustado más?

FELICIANA

(Desesperada, rompe el papel y decide acabar la conversación. Mientras habla, hace un gesto a su madre para que se marche.) La obra ha embriagado mi espíritu de un modo que no sabría expresarlo con palabras.

TEODORA

(Saliendo. Para sí.) Demostrado queda.

FELICIANA

(Se acerca mucho a CÉSAR *hasta invadir su espacio.)* Solo puedo expresarlo con la emoción que enciende mi alma.

CÉSAR

(Apocado ante el avance de ella.) Fogosa crítica la vuestra.

FELICIANA

Apasionada. ¿No resumen bien mi opinión estos ojos?

CÉSAR

Sin duda.

FELICIANA

¿O preferís leer la emoción que me provocan vuestros versos en mis labios?

CÉSAR

No sería mal lugar.

FELICIANA
Pues leamos, mi señor. Leamos juntos.

Van a besarse, pero entra TEODORA *cuando están a punto de hacerlo.*

TEODORA
¿Ya se lo dijisteis, señora?

FELICIANA
¿Decirle?

TEODORA
Sabía que vuestra humildad frenaría vuestra lengua…

CÉSAR
¿De qué se trata?

TEODORA
Mi señora quería pediros algo que solo un poeta como vos será capaz de hacer.

FELICIANA
(Desconcertada.) ¿Yo?

CÉSAR
Pedid, que todo cuanto pidáis habré de daros.

FELICIANA
Aún espero, a fe mía, el primer galardón que prometisteis…

CÉSAR
No lo he olvidado. Algo de gran valor traigo conmigo.

TEODORA
(Ilusionada.) ¿De gran valor?

César
Una joya.

Teodora
(Para sí.) Al fin.

Feliciana
No era preciso que me regalaseis joya alguna…

César
Lo era.

> César *le da un pañuelo en forma de paquete idéntico al que enviara* Luisa.

Feliciana
(Abriéndolo, convencida de que la joya debe estar dentro.) Sean rubíes o diamantes, mucho es desde ya mi agradecimiento. *(Decepcionada.)* ¿Nada hay dentro?

César
Joya es este pañuelo, que es el más vivo recuerdo que guardo de mi madre. Y desde hoy ha de ser de vos, mi inspiración y musa. Gran valor hay encerrado en su recuerdo.

Teodora
(Irónica.) Y quién preferiría que el valor estuviera encerrado en una montura de oro…

César
Amuleto ha sido siempre, que los astros se conjuraron el día de la muerte de mi madre para que fuera el principio de mi carrera literaria.

Feliciana
¿Conjunción astral fue?

CÉSAR

Sabía que había de complaceros.

FELICIANA

Y no imagináis cuánto. Nada hay que llene tanto mi alma como los pañuelos y abanicos que lucieron los muertos...

CÉSAR

(A TEODORA.) ¿Y cuál es el favor del que hablabais?

TEODORA

De un delicado asunto se trata...

CÉSAR

(A FELICIANA.) Os escucho. Contadme.

TEODORA

Contadle.

FELICIANA

(Pidiendo ayuda a su madre.) No sé si debo...

TEODORA

Debéis.

FELICIANA

¿Debo?

CÉSAR

Hablad ya, por piedad.

TEODORA

Mejor lo diré yo, que no es su voluntad comprometeros ni poner a prueba vuestro valor.

CÉSAR
Tanto valor hay en mí como poesía.

FELICIANA
De sobra tendremos entonces...

TEODORA
Hay en esta ciudad un caballero que ha tiempo intenta pretender a mi señora. Y como su amor no le corresponde, ha compuesto unas coplas en las que hace cruel sátira de su persona.

CÉSAR
Mal destino tenga quien mancilla a mujer tan honorable.

TEODORA
Y como vos sois tan diestro con la pluma, pediros quiero que compongáis y cantéis en su calle unas coplas donde sienta la vergüenza que en ella quiso causar y se vea tan diminuto en el honor como en su estatura, que solo con calzas y extravagantes botas disimula.

CÉSAR
Consultaré las estrellas para ver cuándo sea la noche favorable.

TEODORA
Mis estrellas dicen que la noche favorable es la de hoy.

CÉSAR
¿Estáis segura?

TEODORA
Mucho, que de astros y horóscopos soy también experta.

CÉSAR

Pues esta misma noche cumpliré vuestro encargo.

TEODORA

Y mi señora os lo agradecerá.

FELICIANA

Así será.

TEODORA

(*Poniéndose en pie.*) Tarde se nos hace para ir a la iglesia. Y vuestra devoción no lo toleraría.

CÉSAR

Ya me retiro, que no querría entorpecer tan sincera devoción.

FELICIANA

Ni un día pasa sin que pida a Dios por las almas que tiene a su recaudo. Siendo tantas bien agradecerá el recordatorio una por una.

CÉSAR

¿Podré regresar mañana a visitaros?

TEODORA

Siempre que reparéis en el honor de esta santa casa, seréis muy bienvenido.

CÉSAR

Volveré entonces con más dones con los que agradecer vuestra clemencia.

FELICIANA

Y no os importe que esos dones sean esta vez del reino de

los vivos antes que del legado de los muertos. Nada me gustaría más que tener como recuerdo de vuestra persona el oro de vuestro corazón en uno de mis dedos.

CÉSAR
Hasta mañana, pues. Quedad con Dios.

TEODORA
Hacia él nos dirigimos.

Sale CÉSAR.

FELICIANA
Tacaño ha resultado el genovés.

TEODORA
Y resabiado.

FELICIANA
¿Y el encargo?

TEODORA
Pronto lo entenderéis…

FELICIANA
Vengarme pienso de su mezquindad. Lo que no ha podido la literatura ha de poderlo la carne.

TEODORA
Y su vanidad… Llegado es el momento en que hemos de presentarle a vuestro tío.

FELICIANA
¿A nuestro tío?

TEODORA

Famosísimo autor de comedias y dueño de su propia compañía.

FELICIANA

Nunca nos hablaste de él.

TEODORA

Hoy te lo presento. *(Con voz de hombre.)* Con vos, Teodoro. Permitid que os ayude a llevar a vuestro insigne poeta genovés al mismísimo Parnaso.

FELICIANA

Otra vez ese Parnaso... ¿Es barrio de Madrid?

TEODORA

Barrio es y muy grande, que cuantos viven del engaño, la fantasía y la invención de historias habitan juntos allí.

FELICIANA

Muy cómodas habríamos de estar nosotras.

TEODORA

Más lo estaremos cuando consigamos los escudos que tu galán nos dará mañana mismo.

FELICIANA

Así será, que con ayuda de los astros o sin ella, no he de quedar por menos que mi hermana.

Sale.

Escena VI

Casa de Horacio.

Horacio
¿Qué os aflige? Apenas hablasteis en todo el día…

Luisa
Despojada me hallo de todo, que ni ropas tengo con las que cambiar las galas con las que mi tía me vistió para casarme. ¿Ese es mi sino? Tan pobre que condenada estoy a quedarme con el vestido que traje hasta que se haga pedazos.

Horacio
Venid. Tengo una sorpresa para vos.

Luisa
¿Sorpresa tenéis?

> **Horacio** *le descubre dos conjuntos de vestido, zapatos y joyas.*

Luisa
¿Para mí son?

Horacio
¿Y qué otra estrella del firmamento luciría mejor estos simples harapos?

Luisa
(Corriendo a ellos. Probándoselos.) ¿Cómo supisteis…?

Horacio
Mujer sois. Y no hay mayor preocupación en una dama que la ropa que ha de cubrirla.

LUISA

(*Cesando en su entusiasmo.*) ¿Y cuáles son sus otros quehaceres?

HORACIO

Enamorar a los hombres y, una vez rendidos a su voluntad, causar dolor a los amantes, que es de punzantes espinas el corazón de la mujer.

LUISA

¿Os hirieron a vos?

HORACIO

Tanto que cuando considero la veneración que damos los hombres a las damas y pienso en cuán subordinados vivimos a su voluntad, me compadezco de todos los amantes viendo cuánto padecen.

LUISA

¿Y vos aún padecéis?

HORACIO

Solo de no atreverme a decir lo que mis ojos gritan.

Entra FELICIANA *en hábito de* LORENZA.

FELICIANA

¿Me necesitáis, señora?

LUISA

Ahora no, Lorenza. Puedes retirarte.

FELICIANA

¿Seguro que no queréis nada de mí?

LUISA
Inoportuna estás.

HORACIO
¿Por qué no os cambiáis para la cena? Estrenad uno de los vestidos nuevos.

FELICIANA
¿Vestidos?

LUISA
Todo por complaceros.

Sale HORACIO. FELICIANA *ayuda a su hermana a vestirse.*

LUISA
¿No podías esperar un momento?

FELICIANA
Mal te creerá si pierde de vista a tu fiel doncella.

LUISA
Mi doncella podría haber salido después de que él me declarase su amor y yo ganase nuevos dones con su confesión.

FELICIANA
¿Estas joyas también han de ser tuyas?

LUISA
Ya lo son.

FELICIANA
¿Pero de dónde saca tantas?

LUISA
De un cofre que guarda celoso en sus aposentos.

FELICIANA
¿Cofre dices?

LUISA
Un cofre lleno de joyas con ribetes púrpura...

FELICIANA
¡Fue él quien...!

LUISA
Tenedlo por cierto. De casa de don Fernando lo tomó.

FELICIANA
¿Tienes la llave?

LUISA
Con ella duerme.

FELICIANA
Duerme con él entonces, que placer te dará su cuerpo y
riqueza su llave.

LUISA
¿Y tu poeta? ¿Fue generoso?

FELICIANA
Mucho. Despojó a su madre de sus bienes más preciados
para dármelos a mí.

LUISA
No tendrás queja entonces.

FELICIANA
Si un pañuelo te parece tesoro, no la tengo.

LUISA
¿Pañuelo dices?

FELICIANA
Y esta mañana un juego de abanicos, de sus tías, también difuntas.

LUISA
Receloso parece.

FELICIANA
(Intentando abrochar su vestido.) Y saqueador de muertos, que no hay ofrenda suya que no haya pasado antes por un funeral.

LUISA
No aprietes tanto, hermana.

FELICIANA
¿Seguro que acertó el sastre en la talla? Porque no hay Hércules que pueda cerrar esto... Vas a estallar.

LUISA
No estallaré.

Saliendo. Dispuesta a cenar con HORACIO.

HORACIO
Refulgente belleza. Oro bruñido al sol es vuestra imagen.

FELICIANA
Bruñido y apretado, que no respira el sol en ese vestido.

LUISA
Déjanos solos, Lorenza.

FELICIANA
¿Y la cena?

LUISA
Esperará, que hay otros temas que han de ocupar a tus señores.

FELICIANA
No olvidéis respirar por ocupada que os halléis. Si es que podéis.

Sale.

HORACIO
Deslenguada es la moza.

LUISA
Pero fiel. Y no son tiempos en que se pueda jugar el honor de una dama con criadas de mala fe.

HORACIO
Ciertamente, que es este tiempo de pícaras y mentirosas.

LUISA
Tal es, mi señor.

HORACIO
Siempre las vi venir antes que ellas pudieran acercarse. Mal empleara mi inteligencia de varón si me dejara enredar por las bajezas femeninas.

LUISA
Dios no lo permita.

Horacio
Si alguna intentara engañarme, dejaría que jugase conmigo creyendo que mi corazón es tan ciego como mi cabeza. La acogería en mi casa. Le entregaría presentes. La cubriría de joyas y vestidos…

Luisa
(Temerosa.) ¿Eso haríais?

Horacio
Y más aún. Haría todo lo posible para que, en llegando el tiempo de la justicia, el dolor de la pérdida fuera aún más doloroso, al verse emplumada y pobre después de haberse creído dueña de lujos y riquezas.

Luisa
Terrible desengaño. De pícara Justina a infortunada Segismunda.

Horacio
Por fortuna el Cielo nunca ha puesto en mi vida a esas damas sierpes que pueblan los caminos, sino a una mujer honesta e ingenua como vos.

Luisa
(Aliviada.) Demos gracias al Cielo.

Horacio
Por eso he de hablar con vuestra tía.

Luisa
¿Con mi tía? ¿Vos?

Horacio
Para convencerla de que suspenda vuestro casamiento.

LUISA
No querrá.

HORACIO
La convenceré.

LUISA
No entiende más argumento que el dinero.

HORACIO
Pagaría por vos.

LUISA
¿Y si os pregunta mi paradero?

HORACIO
Callaré.

LUISA
Querrá persuadiros.

HORACIO
No lo conseguirá.

LUISA
¿Respetaréis mi secreto?

HORACIO
Siempre. Soy hombre de palabra. Y tan bien guardo los secretos como respeto los bienes y las vidas ajenas.

LUISA
Gran garantía es esa.

HORACIO
He de ir y hablar con ella.

LUISA
Miedo tengo. Que no ha de saber mi tía dónde me hallo.

HORACIO
No lo sabrá. Y vos os casaréis solo con quien el amor os mande.

LUISA
No he de casarme nunca.

HORACIO
¿Acaso no hay amor ni matrimonio que pueda agradaros?

LUISA
Amor sí, que no matrimonio. Miedo me da que el placer dulce del que me hablabais se vuelva, después, amarga cárcel.

HORACIO
Son la ingenuidad y la ignorancia las que hablan en vuestro nombre.

LUISA
Mi ignorancia será.

HORACIO
Cuando conozcáis en mí el placer de ese amor del que habláis solo desearéis ser esclava de este hombre.

LUISA
¿Amor decís?

HORACIO
Y amor declaro.

Se lanza sobre ella. Justo cuando comienzan a besarse son interrumpidos.

FELICIANA
(Entrando.) ¡Señora!

LUISA
¡Pero es posible semejante desatino!

HORACIO
¿Qué sucede?

FELICIANA
En la calle... Dan voces.

HORACIO
¿Voces en mi casa? ¿Y a estas horas?

LUISA
¿Voces contra quién?

FELICIANA
No adivino a entenderlo…

HORACIO
Averiguarlo he.

Sale.

LUISA
¿Cuántas veces más has de importunarnos esta noche?

Se asoman los tres a ver qué sucede.

CÉSAR
Avara naturaleza

quiso con manos civiles
hacer un modelo de hombre
en un sujeto meñique.

Luisa

(A su hermana.) ¡Esto es obra tuya!

Feliciana

A fe mía que no. Ha sido madre quien ha tramado esta locura…

Luisa

¡Todo ha de echarse a perder esta noche!

Feliciana

Confía, hermana, que a nuestro favor juega esta carta. Cuanto tú sabes de latines y versos, sabe nuestra madre de la vida y de su prosa...

César

Un átomo racional
que a veinte pasos un lince,
de ser o no ser persona,
duda en su vista concibe.

Horacio

¡Callad ahora mismo o ateneos a las consecuencias!

César

Infundióse en él un alma
que aunque de especies sutiles,
la pequeñez de tal cuerpo,
llama calabozo triste.

Horacio

(Cogiendo su espada.) ¡No voy a tolerar esto ni un instante más!

LUISA
¡Calmaos!

HORACIO
No ha de calmarse mi honor.

LUISA
¡Horacio!

Baja a la calle.

FELICIANA
¿Espada lleva?

LUISA
Sí.

FELICIANA
Muerte segura es, que bien conocemos el destino de tus galanes.

LUISA
¡Tuya es la culpa!

FELICIANA
Buscaremos quien lo sustituya.

LUISA
Al menos me libraré de su enojosa charla.

FELICIANA
¿Tan terrible es?

CÉSAR
Porque en distrito tan corto

con tanta apretura vive,
que en un bostezo o suspiro
no halla aun aire que la alivie.

Y hubo pulga puesta en pie
(tentada de lo irascible),
que quiso, haciéndole un repto,
barba a barba competirle.

HORACIO
¿Sois vos la pulga?

CÉSAR
¿Y vos el meñique?

HORACIO
A mi espada habréis de responder.

CÉSAR
¡Y vos a la mía!

Desenfundan. Se miran. Se colocan en posición de ataque.

LUISA
(Tapándose los ojos.) ¡Matarse han!

Se rodean. Uno frente a otro. Dan algún que otro golpe. Leve. Desinteresado. Melindroso.

FELICIANA
(Desilusionada.) Matarse han, sí, pero de cansancio, que no de estocadas.

LUISA
(Abriendo los ojos.) ¿Y estos son nuestros caballeros?

FELICIANA
Viva imagen del valor y la osadía.

HORACIO
Quitaros he las ganas de componer de nuevo.

CÉSAR
Vengar he yo el honor de la dama que agraviáis.

Deteniéndose. Con las espadas en alto.

HORACIO
¿Así que es su tía la que os manda? ¿O el caballero cuya mano rehúsa?

CÉSAR
Ni una ni otra. Que es ella misma la que me envía.

HORACIO
¡Mentís!

CÉSAR
¡Mi palabra es mi honor!

LUISA
¿De qué hablan?

FELICIANA
El enredo funciona.

LUISA
¿Me explicas qué está pasando?

Vuelven a batirse. Esta vez con algo más de brío. No consiguen ni siquiera rozarse y, sin embargo, están agotados.

HORACIO
(*Resoplando.*) Espero que... hayáis... aprendido la lección.

CÉSAR
(*Sin poder moverse.*) Lo mismo... digo.

FELICIANA
No habrá entierro esta vez. Tu galán puede darse por resucitado.

LUISA
Lástima que no perdiera al menos la lengua.

HORACIO
(*Intentando recuperar la respiración.*) Si os vuelvo... a ver, no seré tan... clemente.

CÉSAR
(*Recomponiéndose.*) Tampoco yo... Temed mi nombre.

HORACIO
Y vos el mío.

> CÉSAR *se marcha.* LUISA *baja acompañada de* FELICIANA.

LUISA
¿Estáis bien?

HORACIO
Lo estoy, que no hay quien pueda doblegar mi valor ni mi brazo.

FELICIANA
Así lo vimos.

LUISA
Fiero Marte sois.

FELICIANA
Y fiero lunes y fiero miércoles y fiero sábado que, por lo que vimos, no conoce vuestra furia descanso.

HORACIO
Mañana sin más tardanza hablaré con vuestra tía.

LUISA
¿Lo haréis con el mismo valor que demostrasteis hoy?

HORACIO
El mismo.

LUISA
No hay duda entonces de que triunfaréis en vuestro empeño, que ejemplar ha sido vuestra bravura.

HORACIO
Quedaos tranquila. Mañana ha de ser el día en que recobréis vuestra libertad y, con ella, la vida.

ESCENA VII

TEODORA
(Vistiéndose de hombre.) ¿Somos malvadas las mujeres? Gran falsedad es esa, pues la mujer no virtuosa no es peor que el hombre. ¿Acaso somos nosotras criminales más crueles que quienes roban versos o quitan vidas? Pero no serán ellos quienes centren las quejas de los filósofos, que bien ocupados se hallan en denunciar la perversidad de Eva y su estirpe, como si Adán fuera inocente de cuanto hubo de suceder en torno a la manzana.

Desde que el mundo es mundo, se nota más la maldad en la mujer porque nosotras somos naturalmente buenas y hermosas. La belleza de nuestra condición natural hace que nuestras manchas se miren más; pues es propio de los contrarios manifestarse con claridad si se miran juntos y la negrura del mal es contraria de la blancura de nuestra gentileza.

Es el mal una mancha que, puesta, sobre ropas viles como este traje de hombre en que ahora me hallo, pasa sin ser vista, pues el hábito de varón disimula el pecado en la gravedad de su voz y la tosquedad de sus formas. Pero en traje y cuerpo de mujer, sin embargo, no se puede ocultar mancha alguna, que todo ha de verse sobre el blanco lienzo de nuestra bondad y nuestra belleza.[5]

> CÉSAR, *espada en mano, presume del duelo ante la fingida admiración de* FELICIANA.

CÉSAR
Y así fue como lo puse en fuga… A punto estuve de acabar con su vida, pero la llegada de los alguaciles detuvo la fiereza de mi brazo.

FELICIANA
Admirada quedo de vuestro relato.

CÉSAR
Nunca olvidará su merecida lección ese bellaco.

FELICIANA
Qué fortuna la de las mujeres, que sabemos los asuntos del mundo en manos de quienes con tanto valor los atajan.

---

[2] Adaptación de un pasaje de *Triunfo de las donas*, Joan Roís de Corella (1435-1497).

CÉSAR

Así es, que tan buena es mi espada como mi pluma.

FELICIANA

En ambas sobresalís entre todos los hombres de vuestro tiempo.

CÉSAR

Algo os traje…

FELICIANA

Me abrumáis con vuestros presentes…

CÉSAR

Joya es. Y no pequeña.

FELICIANA

¿Joya como las entiende el común vulgo o joya a vuestra usanza?

CÉSAR

(Entregándole un pliego.) La mayor de mi casa.

FELICIANA

¿Envuelta en esto viene?

CÉSAR

Escrita, que no envuelta. Son los primeros versos que escribí.

FELICIANA

¿Escritos por vuestra mano y vuestra inteligencia o solo por vuestra mano?

CÉSAR

No se escribe sin que mano y cabeza bailen a la vez.

Feliciana
Salvo que bailen la música de otros…

César
En estos versos os entrego mi voluntad y mi alma, que sola vos habéis rendido.

Teodora
(Entrando vestida de Teodoro.*)* ¿Con quién hablas, sobrina?

Feliciana
Con este reputado poeta genovés, tío.

Teodora
¿Poeta sois?

César
César Antonio, para serviros, genovés de origen y mercader de oficio hasta que murió mi esposa…

Feliciana
Y le llamó su tía.

Teodora
(Tras mirar con absoluta perplejidad a su hija.) ¿Poeta sois? ¿Y qué género escribís?

César
Comedias.

Feliciana
Y muy buenas. *(Enseñando el pliego que acaba de recibir.)* Joyas son hasta sus más primeras obras.

Teodora
Habré de leer alguna.

CÉSAR

Vuestro rostro me es familiar.

TEODORA

Soy de rostro común.

CÉSAR

¿Nunca nos vimos antes?

FELICIANA

Tanto os he hablado de mi tío que creéis haberlo visto.

CÉSAR

Eso ha de ser.

TEODORA

Si andáis en el oficio teatral natural es que me reconoz-
cáis, que autor de comedias soy ha ya unos años.

CÉSAR

Hermano cómico y tío autor. No conozco familia más teatral.

FELICIANA

De ahí nacen todos mis talentos…

CÉSAR

Que no son pocos.

FELICIANA

Mi tío se dedica al teatro gracias a la fortuna que trajo
consigo de las Indias.

TEODORA

¿Acaso no puede ser artista un mercader?

CÉSAR

Como vos pienso, que también fue mi ayer la venta y mi hoy, el arte.

TEODORA

¿Y tenéis ya quien diga vuestros versos?

CÉSAR

Aún no. Ya sabéis que pocas son las compañías a las que da licencia el Consejo Real y aquellas con las que hablé ningún interés mostraron en mi obra.

TEODORA

No así la mía.

CÉSAR

¿Compañía tenéis?

TEODORA

Y no pequeña. Que las dos cofradías madrileñas aplauden bien nuestros servicios.

CÉSAR

(A FELICIANA.*)* El Cielo os ha traído a mi vida.

FELICIANA

¿Leeréis su obra, tío?

TEODORA

Con placer. Y hasta la representaría si tuviera los escudos necesarios para ello…

CÉSAR

Es problema menor.

TEODORA

Quiera Dios que lo fuese, pero al menos necesitaría unos

cinco mil escudos para que vuestros versos lucieran como merecen. Y es justo el dinero que he gastado en la función del pasado Corpus.

CÉSAR

¿Y con diez mil?

TEODORA

Con diez mil podríamos convertir la pieza en naumaquia.

CÉSAR

Sueño sería... Verla puesta en pie en el mismísimo estanque del Buen Retiro.

FELICIANA

¿Estanque? Mar buscaremos. Que siendo tan grande Madrid, algún océano habrá que nos valga.

TEODORA

No será necesario tanto. Cinco mil bastarán para que la pieza luzca como debiera.

CÉSAR

Naumaquia... *(Soñando con ello.)* Como aquella pieza de Calderón... *El mayor encanto amor*, que se hizo sobre una isla construida en el centro del estanque.

FELICIANA

Continente entero, que no simple isla, es lo que merece vuestra comedia.

TEODORA

Y una Europa entera si es preciso. Pero os insisto en que cinco mil ya bastarán para dar tierra firme a vuestra ingeniosa pluma.

CÉSAR
Diez mil han de ser si me aseguráis que será la mejor comedia jamás representada.

TEODORA
Gran responsabilidad ponéis en mí.

CÉSAR
Me haríais un gran honor.

TEODORA
No sé si debo…

FELICIANA
Tío, hacedlo por mí... Que papel principal quiero en esta comedia.

> LUISA *llega. Se esconde al ver a* CÉSAR. *Hace señales a su madre y a su hermana indicándoles que deben sacarlo de allí:* HORACIO *está al llegar.*

TEODORA
Está bien. Lo haré. Pero solo si vuestros versos son tan perfectos como me cuenta mi sobrina.

FELICIANA
Son los mejores versos de cuantos he leído.

TEODORA
Muchos son esos. Que gran lectora es mi docta sobrina.

CÉSAR
Gran lectora y excelente actriz. Tanto que ya es musa de mis versos y de mi corazón.

FELICIANA
¿Veis cómo es tan poeta que todo ha de decirlo siempre en verso?

CÉSAR
Esta misma tarde tendréis el dinero. ¿Dónde podré encontraros para sellar nuestro acuerdo?

TEODORA
En la Plaza Mayor, que debo resolver allí ciertos asuntos.

FELICIANA
A la caída del sol.

CÉSAR
Celebraremos hoy mi buena estrella. *(Mirando a* FELICIANA.*)* Que trajo el amor y la gloria a mi vida en la misma persona.

Sale.

TEODORA
Diez mil serán... Testarudo es el necio en su deshonra.

FELICIANA
Inocentes somos, que no tasamos nosotras tan caro su teatro.

LUISA
(Abandonando su escondite.) ¡Viene!

FELICIANA
A punto estuviste de estropearlo todo…

TEODORA
¿Quién viene?

LUISA
Horacio.

TEODORA
¿Y con qué fin?

LUISA
A pagar por mi libertad.

TEODORA
¿Cómo he de recibirle?

Llaman a la puerta.

FELICIANA
Él es.

LUISA
Tienes que ser mi tía.

TEODORA
Pudisteis inventar tío las dos, que cansada estoy de verme hermafrodita...

Sale a cambiarse.

LUISA
Entretenlo.

FELICIANA
¿Yo?

LUISA
A mí no puede verme.

FELICIANA
¿Me vas a dejar sola?

LUISA
Me escapé por la puerta secreta... Y me imagina allí, esperando su regreso.

Vuelven a llamar.

LUISA
Se impacienta.

FELICIANA
Lo entretendré como mejor pueda.

LUISA
Te reconocerá como Lorenza.

FELICIANA
Algo inventaré.

LUISA
Me esconderé allí.

Llaman de nuevo.

TEODORA
¡Abrid o perderemos la ganancia!

FELICIANA abre. César se sorprende al verla allí.

HORACIO
¿Lorenza?

FELICIANA
(Gritando, con llanto exagerado y fingido.) ¡No he de volver más a esta casa en la que tan mal se me trata!

HORACIO
¿Qué sucede?

Feliciana

Esa mujer... Esa bruja... ¡Esa harpía!

Horacio

Calmaos, por favor.

Feliciana

Amenazarme con ir a la justicia cuando solo busco la felicidad de su sobrina…

Horacio

Yo la haré entrar en razón.

Feliciana

A eso mismo vine yo, pero fue en vano. Solo piensa en la dote de su futuro yerno. Y como no quise decirle dónde para doña Blanca, prometió denunciarme a la autoridad.

Horacio

No hará tal. Decidle a vuestra señora que pierda cuidado. Volveré con el acta de su libertad.

Feliciana

Ahí viene... Es mejor que me vaya antes de que me vea de nuevo. *(Sale deprisa.)* Agradecida os quedo.

Teodora

(Entrando, de nuevo, en forma de mujer.) ¿Quién sois? ¿Y qué hacéis en mi casa?

Horacio

Horacio Ventura es mi nombre. Y eso vengo a traeros…

Teodora

(Con sarcasmo.) ¿Horacios?

HORACIO
Ventura.

TEODORA
Presuntuoso sois.

HORACIO
Generoso me llamaréis si me escucháis.

TEODORA
Hablad.

HORACIO
Sé dónde está vuestra sobrina.

TEODORA
¿Qué decís?

HORACIO
No finjáis.

TEODORA
¿Mi sobrina?

HORACIO
La que queréis desposar con un caballero cordobés.

TEODORA
Diréis su paradero o habré de despertar a gritos a toda la calle.

HORACIO
En mi casa está. Y aunque el no ser casado pudiera hacerme parecer huésped de poca confianza, os puedo asegurar que mi señora doña Blanca está en mi posada si no

con el regalo que merece, sí con el respeto y decoro que su calidad exige.

TEODORA

(Irónica.) Ángel debéis de ser, que me venís a devolver lo que más quiero.

HORACIO

Algo mejor que eso vengo a ofreceros.

TEODORA

¿Mejor aún?

HORACIO

¿Mucha es la dote del caballero cordobés?

TEODORA

Seis mil escudos.

HORACIO

(Sacando una bolsa.) Sea la mía de diez mil.

TEODORA

¿La vuestra?

HORACIO

Su sobrina me ama.

TEODORA

¿Eso os ha dicho?

HORACIO

Con sus palabras. Y con su cuerpo. Que aunque intenté proteger su decoro me buscó para hacerme su esposo antes de que la iglesia bendijese nuestra unión.

TEODORA

(Simulando agitación.) ¿Os buscó?

HORACIO

Me buscó. Que fue Eva y manzana a la vez de este cándido Adán.

TEODORA

(Fingiendo desfallecer.) No puedo respirar…

HORACIO

Vuestra sobrina me ha entregado su corazón y su vida. Solo yo soy su dueño y pagaré al precio que sea necesario su libertad.

TEODORA

¿Ella sabe que venís a decirme esto mismo?

HORACIO

No es menester que lo sepa. Acatar ha mi voluntad.

TEODORA

Mi sobrina es tenaz.

HORACIO

Pero yo soy hombre.

TEODORA

Curioso argumento.

HORACIO

Silogismo universal.

TEODORA

(Sacando un frasco.) Por si el silogismo fallara, aquí tenéis algo que puede ayudaros a dominar su carácter.

Horacio
¿Y qué es?

Teodora
Un bebedizo con el que podréis dormirla.

Horacio
¿Dormirla?

Teodora
Así es. ¿O cómo pensáis hacerla regresar a esta casa?

Horacio
Con mi voluntad bastará.

Teodora
¿La misma voluntad que demostrasteis ante esa Eva que decís que os hizo morder la manzana?

Horacio
Así fue, que no había en mí más lujuria que la que ella, con su amor, desató ante mis ojos.

Teodora
¿Y debo recordaros cómo llegó mi sobrina hasta vos? Si escapó una vez de un matrimonio, bien podrá hacerlo también esta.

Horacio
Conmigo aprenderá compostura y obediencia.

Teodora
Pero antes, habréis de desposarla. *(Tendiéndole el frasco.)* Y no lo conseguiréis hasta que atraviese estas puertas.

HORACIO *coge el frasco.*

HORACIO
Entenderá que es por su bien. Que es mi voluntad liberarla del yugo que la oprime.

TEODORA
O cambiarlo por otro.

HORACIO
Yo habré de domarla con el mismo cariño con que domaría al mejor de mis caballos.

TEODORA
Lindo símil.

LUISA, *furiosa, no puede dominarse más y abandona su escondite dispuesta a reaccionar, pero solo TEODORA la ve. Se encarga de cubrirla hasta que consigue que se esconda de nuevo.*

HORACIO
¿Os encontráis bien?

TEODORA
Achaques de la edad, que el tiempo me obliga a estirar miembros y huesos a cada paso.

HORACIO
¿Edad decís? Hermana podríais ser de vuestra sobrina si así lo quisierais.

TEODORA
¿Eso pensáis?

HORACIO, *al avanzar sobre TEODORA, hace que esta tire un*

jarrón que cae sobre el escondite de LUISA. *Esta no puede evitar dar un grito.*

LUISA
  ¡Ay!

HORACIO
  ¿Qué ha sido eso?

TEODORA
  ¿Qué ha sido el qué?

HORACIO
  ¿Solos estamos?

TEODORA
  (Seductora.) ¿No habíamos de estarlo?

HORACIO
  Me pareció que…

TEODORA
  Volvamos a mi sororización. Que podría ser hermana y no tía dijisteis…

HORACIO
  Eso dije.

TEODORA
  ¿Y lo pensáis aún?

HORACIO
  Tanto que mi corazón dudaría si no hubiese sido preso ya de las flechas que le lanzó Cupido.

TEODORA
¿Y no tendrá ese dios más flechas en su haber?

HORACIO
Alguna puede que esté lanzando justo ahora.

TEODORA *se lanza sobre él.*

TEODORA
¿Pretendéis seducir a una desvalida viuda que ha tanto tiempo que no prueba los goces de la juventud?

HORACIO
¿No se lo diréis a vuestra sobrina?

TEODORA
Qué he de decir... También va mi honor en ello. Y ella ha de salir feliz y con marido mientras yo sigo sola en mi viudedad.

HORACIO
¿Viuda sois?

TEODORA
No me llegué a casar, pero lloré tanto por encontrar marido que siento que lo perdí antes de tenerlo.

HORACIO
¿No será para vos motivo de regocijo saber a vuestra sobrina de nuevo en casa?

TEODORA
Regocijada me hallo solo de imaginarlo...

HORACIO
En la casa de un hombre de bien, dedicada a sus labores y lejos de las amenazas de las calles.

TEODORA
Me place, sí. Encerrada bajo la vigilancia y el refugio de un hombre. Quién no querría vivir de esa suerte.

HORACIO
Malo es el ocio para la mujer.

TEODORA
Engañada veo que la tenéis…

HORACIO
No hay engaño, sino dulce aprendizaje.

TEODORA
Vuestra es la mano de mi sobrina.

HORACIO
¿He de traerla hoy mismo?

TEODORA
Esperad que antes os dé algunas indicaciones más.

HORACIO
¿Consejos han de ser?

TEODORA
Pero muy prácticos.

> TEODORA *coge el dinero a la vez que besa al galán.* LUISA *aprovecha para abandonar el lugar sin ser vista mientras su madre y* HORACIO *siguen con la lección de anatomía...*

ESCENA VIII

LUISA, *llave en mano, busca el cofre de joyas que* HORACIO *robó a don* FERNANDO. *Llega* FELICIANA.

LUISA
¿Dónde te escondías?

FELICIANA
(Dándole una bolsa.) Mira.

LUISA
(Tentando su peso y sacando una de las piedras que hay en ella.) Bastará.

FELICIANA
¿Conseguiste la llave?

LUISA
Bajo su almohada estaba. Como siempre.

FELICIANA
¿Y encontraste el cofre de don Fernando?

LUISA
No. Y debe estar aquí... Ayúdame antes de que regrese.

FELICIANA
Madre se está dando buena maña en retenerlo.

LUISA
Lo sé.

FELICIANA
¿Celos tienes?

LUISA
No tiene celos quien no tiene amor. Y hacia ese hombre solo cabe en mí odio. Que ha de aprender de una vez a tratar con mujeres ese Adán enano.

FELICIANA
A su edad quiero ser como nuestra madre.

LUISA
¿Lasciva y mentirosa?

FELICIANA
Libre y orgullosa de serlo.

LUISA
Bien podrás, que este es mi último engaño.

FELICIANA
¿Estás en tu ser?

LUISA
Tanto que decidí no seguir más sus pasos en el futuro.

FELICIANA
¿Sumisa vivirás?

LUISA
Nunca. Pero usaré en pliegos la inteligencia que hasta ahora empleé en los bienes ajenos.

FELICIANA
¿Y qué plegarás en ellos?

LUISA
Palabras.

FELICIANA
Mal porvenir te aguarda si cambias joyas y vestidos por letras y borrones.

LUISA
Mucho hay en mí que puedo contar. Testimonio deseo dar de cuanto hemos vivido las tres.

FELICIANA
Antes habremos de salir de aquí. Que necesitarás escudos para comprar esos pliegos.

LUISA
¿Me ayudarás?

FELICIANA
Por eso vine. Pesada es la bolsa…

LUISA
Más pesado será el castigo si Horacio nos descubre.

FELICIANA
Alguna vez…

LUISA
Tiene que estar aquí…

FELICIANA
¿Daremos con quien aspire a amarnos sin querer poseernos?

LUISA
El amor es cadena.

FELICIANA
Eso ha de serlo en tus libros y en tus latines. Que en mi corazón, el amor es campo abierto donde todo es posible.

LUISA

¿Y doblegarás por ese amor del que hablas tu voluntad a un hombre?

FELICIANA

¿No hay amor entre iguales?

LUISA

Platón opina…

FELICIANA

Al diablo Platón, Catón y todos ellos. Que ha de haber amor sin sumisión y vida sin obediencia. Y si ninguno de tus griegos lo escribió, debieron hacerlo. Dispuesta estoy a encontrar a quien sea mi igual y mi mitad, que no mi dueño. Oigo algo… *(Asomándose al balcón.)* ¡Viene ya!

LUISA

Sirve vino…

FELICIANA

¿Vino ahora?

LUISA

Haz lo que te digo. Sirve dos copas.

FELICIANA

¿Pretendes que bebamos?

LUISA

(Da con el cofre.) ¡Aquí está! Con sus ribetes púrpura…

FELICIANA

Ábrelo. Rápido.

Luisa *cambia las joyas por las piedras. Guarda las primeras en la bolsa y las segundas, en el cofre.* Feliciana, *entretanto, se ha servido una copa de vino.*

Luisa
(*Dándole la bolsa a su hermana y quitándole la copa.*) ¡Por la puerta secreta!

Feliciana
¿Ya no brindamos?

Luisa
¡Largo!

Feliciana *sale. Las copas quedan sobre la mesa.* Horacio *entra.*

Luisa
Al fin estáis de regreso.

Horacio
(*Al descubrir las copas, echa con disimulo el bebedizo que le dio* Teodora *en una de ellas.*) Y con buenas noticias.

Luisa
¿Hablasteis con mi tía?

Horacio
Lo hice.

Luisa
¿Y bien?

Horacio
(*Ofreciéndole su copa.*) Brindemos.

Luisa
(*Sin cogerla.*) ¿Un brindis?

Horacio
Por la nueva era.

Luisa
¿Accedió?

Horacio
¿Acaso lo dudabais?

Luisa se lanza sobre él y lo abraza y besa apasionadamente. Ante el empuje de ella, él reposa el vino en la mesa. Luisa aprovecha para cambiar de posición las copas y coger la contraria a la que él le ofrecía.

Luisa
(*Separándose de él.*) ¡Entonces sí! ¡Brindemos!

Horacio alza su copa.

Horacio
Sois libre.

Luisa
¡Libre al fin!

Brindan.

Horacio
Y solo a mi cuidado debéis de responder en adelante. Que he de ser para vos un padre, un hermano, un marido, un amante y un amigo. Todo lo habéis de encontrar en mí sin que nada os falte.

HORACIO *mira fijamente a* LUISA, *esperando que caiga dormida.*

LUISA
¿Por qué me miráis así?

HORACIO
¿No conocéis el soneto?

LUISA
Soneto, no sé qué sea soneto...

HORACIO
Composición divina de origen italiano.

LUISA
Cuánto habéis de enseñarme aún...

HORACIO
Y así dice este soneto del grandísimo Garcilaso.

LUISA
Cantad. Que la música italiana sea el inicio de esta nueva era.

HORACIO
(*Canta. Conforme avanza en su canción, cada vez con más sueño.*)
Ojos claros, serenos,
si de un dulce mirar sois alabados,
¿por qué, si me miráis, miráis airados?

Si cuanto más piadosos,
más bellos parecéis a aquel que os mira,
no me miréis con ira,

porque no parezcáis menos hermosos.
¡Ay tormentos rabiosos!
Ojos claros, serenos...

Cae dormido sobre el suelo. LUISA *apura su copa, satisfecha, y completa el poema.*

LUISA
«Ya que así me miráis, miradme al menos».
Ni soneto. Ni de Garcilaso. Madrigal es. Y de Cetina. ¡Mentecato! Y ahora dormid, que habréis de despertar con el honor tan menguado como vuestro entendimiento. Al fin pagaréis ante mí vuestro infausto crimen. Y generosa sentencia me parece la vuestra, que contentarme he con robar fama y joyas a quien robó cruel la vida ajena. Ni está en mi ánimo pagar sangre con sangre ni cabe en mí vileza como la de vos ante mi don Fernando, pues más nobleza corre en mis venas plebeyas de la que jamás albergó vuestro cuerpo. Dormid, mi señor, dormid. Que a vuestro sueño calderoniano le espera un glorioso despertar.

ESCENA IX

Aledaños de la Plaza Mayor. TEODORA —*en hábito de* TEODORO—, *espera junto a* FELICIANA *a que llegue* CÉSAR.

FELICIANA
¿Saldrá bien?

TEODORA
Si sale bien, nos iremos triunfantes. Si sale mal, nos iremos presas.

FELICIANA
Miedo tengo.

TEODORA

(*Muy sorprendida.*) ¿Miedo tú, Feliciana? Nunca tal dijeras.

FELICIANA

Porque nunca antes sentí tan cerca la ganancia como el riesgo de vernos emplumadas.

TEODORA

No temas, que este Narciso genovés nos hará hoy tan ricas en escudos como en versos, por malos que sean.

FELICIANA

Ojalá venga con escudos y no con reliquias… Que alguna muerta más debe quedar aún en su familia.

TEODORA

Ahí llega.

CÉSAR

(*Seductor, a* FELICIANA.) Qué dicha veros de nuevo.

FELICIANA

Impaciente esperaba nuestro reencuentro.

CÉSAR

¿Acaso no había de estar más impaciente yo, cuando de vos solo obtengo dones y beneficios?

TEODORA

(*Cortando en seco el galanteo.*) Impacientes estamos todos, que muchos son los beneficios aún por llegar.

CÉSAR

(*Volviéndose a* TEODORA.) ¿Hablasteis con vuestra compañía?

Teodora
Hablé.

Breve y calculada pausa para aumentar la inquietud y los nervios de César.

Feliciana
Pues hablad, tío, hablad.

César
Tened compasión de este humilde poeta y contadme qué os dijeron. ¿Qué alabaron más: mi estilo, mi métrica, la gracia de mi pluma?

Teodora
Imposible fuera elegir un solo rasgo de pieza tan perfecta.

César
¿Verdad decís?

Feliciana
Verdad dice, que no es costumbre mentir en mi familia.

Teodora
Vuestra obra ha de ser un éxito.

César
(A Feliciana.*)* Y esta dicha solo os la debo a vos. ¡Los astros no mentían! *(Sacando la bolsa con el dinero.)*

Teodora
Gran responsabilidad ponéis en mí.

César
(Dándole la bolsa.) Los hados tejen nuestro destino. Y este

encuentro no ha podido ser casual, sino fruto de los designios que marcan las estrellas. Por eso sé que haréis un gran trabajo que honre mi nombre.

TEODORA
¿Diez mil van?

CÉSAR
Van.

Entra LUISA *vestida con la ropa de* HORACIO *y blandiendo su espada.*

LUISA
¡Lo sabía!

CÉSAR
¡Vos aquí!

FELICIANA
¡Horacio!

LUISA
(A FELICIANA.*)* ¡Sabía que fuisteis vos la causa de todo! *(A* CÉSAR.*)* ¿Tan ciego estáis que os dejáis seducir por esa harpía?

CÉSAR
Callad si no queréis recibir la cólera de mi brazo.

LUISA
¿Cólera, decís? ¿No tuvisteis bastante?

TEODORA
Apartaos. El honor de mi sobrina es cosa mía.

LUISA
(A FELICIANA.*)* Yo también os compuse unos versos. ¿Queréis oírlos?

CÉSAR
¡Callad o voto a Dios que...!

LUISA
Vos en todo sois
mudable,
inconstante, variable,
vaga, vana, habladora,
deslenguada, intolerable,
maliciosa,
arrogante, imperiosa,
mandona, descomedida,
temeraria de atrevida,
impaciente, querellosa,
robadora,
pesada, revolvedora,
ambiciosa y avarienta,
vindicativa, sangrienta,
sañuda, amenazadora,
invidiosa,
descomunal, desdeñosa,
idólatra del dinero,
por quien hace toda cosa,
y lisonjera.

FELICIANA
¿Nadie habrá que me defienda?

CÉSAR
Lo haría gustoso, pero dijo vuestro tío que se ocupaba él.

FELICIANA
¿Nada haréis?

TEODORA
¡A mi honor de tío corresponde vengar tamaña afrenta!

LUISA
¡En guardia, pues!

TEODORA
¡Defendeos!

> *Se baten en duelo. El combate entre* TEODORA *y* LUISA, *esta vez, es brioso y aguerrido.*

FELICIANA
¡No puedo mirar!

CÉSAR
¡Amor!

FELICIANA
Haz que paren.

CÉSAR
¡Por piedad!

TEODORA
¡Solo ha de quedar uno!

LUISA
¡Y no seréis vos!

> TEODORA *da una estocada mortal a* LUISA, *que comienza a sangrar.*

TEODORA
Lo soy.

FELICIANA
(Desmayándose.) ¡Tío!

TEODORA
Muerto es.

CÉSAR
Debemos huir de aquí. La justicia no tardará en llegar.

TEODORA
Despierta, sobrina.

CÉSAR
Hemos de marchar.

TEODORA
Pero cómo... No consigo que despierte.

CÉSAR
¿Vinisteis en coche?

TEODORA
Sí.

CÉSAR
Yo lo traeré.

TEODORA
(Señalando hacia su derecha.) Allí lo encontraréis.

CÉSAR
Corro.

Sale.

TEODORA *hace una señal a* FELICIANA *y a* LUISA *para que se despierten.*

FELICIANA
(Incorporándose.) ¿Era necesario un poema tan extenso?

LUISA
(Sacando la bolsa de sangre de animal que han usado para el engaño.) Me pareció oportuno. Y así lo escribió Castillejo.

FELICIANA
En su infierno se queme, que nada me gustaron sus versos.

TEODORA
Corramos al coche, hijas, que por mucho que crea en sus astros y horóscopos, el genovés no tardará en darse cuenta de nuestro engaño.

Salen corriendo... hacia su izquierda.

ESCENA X

TEODORA
Los hombres, sobre todo los autores de libros, vociferan en contra de las mujeres, a quienes nos reprochan nuestra frivolidad e inconstancia; nos retratan volubles, maleables como niños y faltas de carácter. ¿Acaso son tan valientes en la vida diaria que nunca flaquean ni cambian de parecer? Porque si a ellos les falta firmeza, ¿no es vergonzoso exigir a los demás lo que uno no tiene? De hecho, exigen más de las mujeres de lo que ellos demuestran. Los hombres, que siempre proclaman su fuerza y

coraje, caen en grandes fallos no por ignorancia, sino a sabiendas de que se equivocan, pero eso sí, se disculpan diciendo que el error es humano. Adanes son, como dijera Horacio, en manos de expertas y lisonjeras Evas. Ahora bien, que una mujer tenga el menor fallo que ya están ellos listos para acusarnos de inconstancia y de ligereza. ¿Existe alguna ley que hace los defectos de los hombres más disculpables que los de las mujeres?

Por eso nosotras tres hemos de seguir camino. Libres y solas. Pues, más aún, ¿a cuántas mujeres conocemos que, por culpa de la crueldad de un marido, desgastan sus vidas en la desgracia, encadenadas a un matrimonio donde reciben peor tratamiento que las esclavas? Cuántas humillaciones, ataques, ofensas, injurias tienen que aguantar las mujeres leales, sin gritar siquiera para pedir ayuda. Pensad en todas esas mujeres que pasan penurias, mientras sus maridos andan vagando por todos los burdeles y tabernas de la ciudad. Y todavía, cuando ellos vuelven, ellas pueden recibir como cena unos buenos golpes.

Es necesario decirlo: todas las necedades y tópicos que se cuentan sobre las mujeres son mentiras. Nacen de la observación sin buen criterio, de quienes escriben los hechos sin pararse a pensar en sus causas, de los que miran el desenlace sin atender jamás a los principios. Que muy diferente fueran nuestras vidas en Madrid si ellos atendieran a razones ajenas y no solo propias. Mentiras que han sido inventadas y están siendo forjadas todavía hoy a partir de la nada para que sean los hombres los que manden sobre las mujeres, que el tiempo ha de hacernos iguales en dignidad y mando, aunque ellos no quieran.[6]

---

[6] Adaptación de diversos pasajes de *La ciudad de las damas*, de Christine de Pizan (1364 – h. 1430).

TEODORA y FELICIANA *están en el coche, espiando la calle donde vive* HORACIO. LUISA *sube con ellas.*

FELICIANA
¿Qué hacemos aquí?

LUISA
Disfrutar del triunfo.

FELICIANA
Y jugarnos el cuello...

LUISA
La noche es nuestra cómplice.

FELICIANA
¿Emplumadas deseas vernos?

LUISA
No me iré hasta ver cómo mi honor queda vengado.

TEODORA
Solo un momento, Feliciana. Y desde esta noche, cambiaremos de barrio. Madrid tiene muchas calles que aún no hemos conocido..

FELICIANA
Pero que no sean más barrios de las letras, que de poco provecho y gran cansancio me han parecido los poetas.

TEODORA
Necesario alimento para el alma es la poesía.

FELICIANA
No para mi estómago, que mal se digieren los versos.

Luisa

Habréis de prescindir de mi ayuda en vuestros próximos planes.

Teodora

¿Cómo dices, hija?

Feliciana

¡Silencio! ¡Ahí llega!

Aparece César. *Está furioso y busca a* Horacio. *Tropieza con un enorme bulto envuelto en unas mantas a la entrada de la casa de su rival.*

César

¿Qué es esto?

Se da cuenta de que hay una nota sobre el papel. La lee. Mientras lo hace, el bulto comienza a moverse y se desprende de las mantas: es Horacio, *desnudo y en pañales, como si de un bebé se tratara.*

César

«La madre que le parió
aqueste niño que veis,
para que vos le crieis,
a vuestras puertas le echó;
el bautismo se le dio,
no se vuelva a bautizar,
que el agua le podrá helar;
su crianza no os asombre,
él mismo os dirá su nombre,
que pienso que sabe hablar».

Horacio

¿Dónde estoy?

CÉSAR

En el infierno.

HORACIO

¿Qué me habéis hecho?

CÉSAR

(Cayendo en la cuenta de todo.) Nos hicieron, diréis.

HORACIO

¿Cómo es posible que...? ¡El vino!

CÉSAR

Mintieron mis astros.

HORACIO

Maldita.

CÉSAR

Engaño fue.

HORACIO

¡Estafa!

CÉSAR

Denunciarlas hemos.

HORACIO

¡Vayamos!

Se miran. Se detienen. Se derrumban.

CÉSAR

¿Y soportar las burlas de toda la corte?

HORACIO
¿Cuántas sátiras se escribirán a nuestra costa?

CÉSAR
Todo fue teatro.

HORACIO
Todo fingido.

CÉSAR
¿Cómo es posible?

HORACIO
Unas simples mujeres…

CÉSAR
No tan simples, parece.

HORACIO
Y no poder hablar…

CÉSAR
Por eso tramaron este doble engaño.

HORACIO
Atados estamos.

CÉSAR
¿Cómo contar la infamia de uno sin provocar para siempre el descrédito del otro?

HORACIO
Me duelen la bolsa y el orgullo.

CÉSAR
¿Cuántos escudos?

HORACIO
Diez mil. ¿Y vos?

CÉSAR
Los mismos. Además de recuerdos que como joyas guardaba en mi casa.

HORACIO
(Al oír la palabra joyas). Un momento…

CÉSAR
¿Dónde corréis?

HORACIO
¡El cofre!

CÉSAR
¿Qué os pasa?

HORACIO
¡Mi cofre! *(Lanzando por la ventana las piedras que cambiaron por sus alhajas.)* Brujas. Hechiceras. Rameras. ¡Harpías!

LUISA
Podemos irnos, madre.

TEODORA
Bien empleado tienen su castigo.

LUISA
Engañarnos querían. Y engañados quedan.

FELICIANA
Hermoso romance podría ser el suyo.

LUISA
El mal poeta.

FELICIANA
Y el mal don Juan.

LUISA
Argumento digno de una comedia son sus cuitas.

TEODORA
Camino seguiremos. Que en cuanto cambiemos la decoración del coche, el barrio y nuestros nombres nadie más habrá de conocernos.

LUISA
Yo la escribiré.

FELICIANA
¿El qué?

LUISA
Esta comedia. Y también se escucharán en ella las voces de los filósofos que hablan contra nosotras para que nuestros hechos los refuten.

FELICIANA
Extraño propósito.

LUISA
Necesario. Que alguien debe escribir sobre lo que somos y lo que no nos dejan ser.

FELICIANA
¿Poeta deseas ser?

LUISA

Mi vida no volverá a ser estafa en el futuro. Oficio no fingido deseo tener.

FELICIANA

¿Nos abandonas entonces?

LUISA

Solo en los hechos, hermana, que no en la compañía. Pero es otro mi destino. Necesario es que alguien logre que se oigan nuestras voces.

TEODORA

Mucho aplaudiré tu empeño si lo logras.

FELICIANA

Mal reciben los hombres a las mujeres en su mundo.

LUISA

Pues deberán hacerlo, que su mundo ha de ser también nuestro o no ha de ser.

TEODORA

Vámonos. Amanece. Y Madrid nos aguarda.

La luz inunda la nueva mañana. Los ruidos de la calle y sus gentes comienzan a llenar la escena mientras las harpías abandonan el lugar en busca de un nuevo destino.

Telón.